华章经管
HZBOOKS | Economics Finance Business & Management

轻松搞定房地产增值税

全流程实务指南

彭盈 肖沁 余莹 于露 著

机械工业出版社
China Machine Press

图书在版编目（CIP）数据

轻松搞定房地产增值税：全流程实务指南 / 彭盈等著．—北京：机械工业出版社，2017.9

ISBN 978-7-111-57919-9

I. 轻… II. 彭… III. 房地产企业 - 增值税 - 税收管理 - 中国 - 指南 IV. F812.423-62

中国版本图书馆 CIP 数据核字（2017）第 216180 号

轻松搞定房地产增值税：全流程实务指南

出版发行：机械工业出版社（北京市西城区百万庄大街 22 号 邮政编码：100037）

责任编辑：宋 燕　　责任校对：殷 虹

印 刷：北京文昌阁彩色印刷有限责任公司　　版 次：2017 年 10 月第 1 版第 1 次印刷

开 本：170mm×242mm 1/16　　印 张：14.75

书 号：ISBN 978-7-111-57919-9　　定 价：49.00 元

凡购本书，如有缺页、倒页、脱页，由本社发行部调换

客服热线：（010）68995261 88361066　　投稿热线：（010）88379007

购书热线：（010）68326294 88379649 68995259　　读者信箱：hzjg@hzbook.com

|赞　誉|

本书作者是几位非常年轻、充满活力、勤思好学的青年才俊。他们利用分别从事税务机关税收管理与房地产企业税收管理的优势，以一个完整的房地产开发项目实例贯穿全书，将房地产开发每个环节的会计处理和税务处理关联起来，并同步链接至具体申报和开票业务，构成了一部完整、实用的房地产企业增值税操作实务手册。我作为一名税务工作老兵，非常荣幸受作者之邀在本书正式付梓之前拜读了书稿。我认为本书兼具系统性和实用性的同时，还有较强的可读性、时效性，简单明了，通俗易懂，是一本不错的工具书。

邓远军

中央财经大学税收筹划与法律研究中心副主任、研究员

本书将营改增政策与房地产财务核算进行了深度融合，以房地产全流程业务为线索，引入了全周期案例解析，为读者全面介绍了房地产增值税从账务核算到纳税申报的具体步骤和操作方法，创新性强、实用性强，是税务干部和财务人员掌握房地产增值税实务操作可参考的工具书之一。

严纪

北京市国家税务局第一稽查局局长

本书系统地梳理了房地产开发经营业务流程中的增值税税收法律法规，政

策全面、企业案例翔实，对实务中常见的疑难问题，作者给出了详细的解析，是一本不可多得的实用工具书。

李曙亮

《房地产开发企业会计与纳税实务》作者

本书全面地讲解了房地产增值税的纳税处理、会计核算、纳税申报、发票管理，结合房地产开发环节，通过房地产开发全流程案例，抽丝剥茧，层层深入，具有很强的实用性和可操作性。本书是房地产开发企业财务人员了解营改增、应对营改增必备的“工具书”“导航仪”。

廖洋

首创置业财务管理中心总经理

本书给人很大的惊喜，读者可以按照遇到的问题按图索骥式地寻求答案，对于非财务专业的财务从业者来说更是具有极大的便利性。同时，深入浅出的阐述和条理清晰的分析更利于理解和实际操作。值得称赞的是，本书采用全周期案例作为载体，较为全面地涵盖了房地产业务的各个阶段，使本书的内容更加全面丰富！

张皓明

中弘股份成本中心副总经理

本书有三大特点：一是将营改增后涉及的主要文件规定，与原增值税现行有效规定进行了整合梳理，比较系统完整。二是按照企业会计日常处理的业务流程来编写，章节之间既相互独立又彼此关联，方便翻阅参考。三是以一个完整的实例贯穿各个章节，对房地产企业增值税的主要业务和一些常见问题进行了验证说明，有较强的实操性。

郝龙航（第三只眼）

大力税手网创始人，中翰中国税务集团合伙人

前　言

2016年5月1日起，营业税改征增值税（以下简称“营改增”）改革试点全面铺开，建筑业、房地产业、金融业、生活服务业4个行业纳入营改增试点范围。自此，一整套比较完整的消费型增值税制度基本确立，房地产开发企业正式告别营业税时代，走向增值税核算的大舞台。

截至2017年3月15日，在不到一年的时间内，增值税会计核算和税收征管政策迅速更新。据笔者统计，财税部门共制定并公布80余份文件，会计核算科目从《财政部关于增值税会计处理的规定》（财会〔1993〕83号）到《增值税会计处理规定》（财会〔2016〕22号），新增6个会计科目并修改全部9个二级科目核算内容；房地产企业增值税税收政策涉及财税〔2016〕36号、国家税务总局公告2016年第14号、第15号、第16号、第18号等文件；增值税纳税申报方面共公布国家税务总局公告2016年第13号、第27号、第30号、第75号等文件，修改后的增值税纳税申报表呈现“四增两减”的变化；发票管理方面则涉及国家税务总局公告2016年第18号、第23号、第47号、第53号等文件，原有的增值税发票管理文件也仍然有效。

作者为4人团队，2人任职于税务系统内部，2人长期战斗在大型房地产开发企业会计核算第一线。在反复的讨论和交流过程中，我们发现，虽然当前营业税改征增值税运行已近一年，但企业在执行具体政策时仍存在不同程度的偏差和模糊认识，究其原因，一是政策出台碎片化，在营改增纲领性文件财税〔2016〕36号文下发以后，财税部门不断出台文件对税企政策执行争议较大的问题进行明确，解决了企业在营改增推进过程中最棘手和关心的问题，但此次营改增涉及4大行业26个小行业，具体到某个细分行业，财税部门难以有针对性地、系统地单独下发文件明确政策，加之以往年度的增值税管理文件大多有效，客观上为企业全面、系统地掌握政策要点带来困难。二是具体执行容易出现偏差，此次营改增打通了各个行业的抵扣链条，除关注自身的执行口径外，与之关联的各类企业如何执行增值税政策也对企业经营产生较大影响，随着时间的推进，企业在执行政策中涉及的疑问必将逐步积累，同时营改增还处在一个不断改进和完善的阶段，因此，对于试点企业而言，虽然执行增值税政策已持续一段时间，但离驾轻就熟还有一段不小的距离。

基于上述考虑，笔者从企业实务操作的角度出发，构思并撰写了本书，一方面对房地产开发企业涉及的增值税政策进行系统梳理总结，涵盖了目前最新和传统有效的增值税政策；另一方面从税务系统管理和企业执行两个角度全面收集了当前企业执行增值税政策容易产生的盲点和问题，结合政策进行解答说明。本书在写作过程中重点突出以下几个特点：

1. 时效性

本书初稿完成于2016年9月，在修订过程中，笔者发现最新增值税会计核算规定即将发布，将较大程度影响企业的核算处理。因此在2016年12月2日财政部下发《增值税会计处理规定》后，笔者重新对涉及的内容进行大幅度调整，并持续更新纳税申报、征收、发票开具、认证等方面的税收政策，目前本书引用的政策已更新至2017年3月15日。同时，本书还总结归纳了新旧会计科目核算、增值税下房地产开发企业其他税种核算的变化，便于会计人员系统、快速地掌握最新政策规定。

2. 实用性

本书以房地产开发企业为对象，一共分为 5 章，分别是总论、房地产开发企业增值税纳税实务处理、增值税会计核算、增值税纳税申报管理、增值税发票管理。章节之间既彼此联系，又相互独立。通过阅读本书，读者既可以系统地了解、应对营改增后房地产开发企业的会计和纳税处理要点的变化；也可以根据需要就某个环节“按图索骥”地查阅，力求使本书成为房地产开发企业会计人员了解营改增、应对营改增的工具书和“导航仪”。

3. 可操作性

本书作者既有长期从事税务管理的工作人员，也有来自房地产开发企业并实际负责核算过多个项目的财务人员，本书将两者的优势充分结合，在编写过程中既突出房地产开发企业常用的会计处理和涉税操作，同时对照税务机关管理要求进行风险提示或热点问题分析。同时，在对具体业务逐一配以实例说明的同时，本书还通过全周期处理范例的方式，呈现房地产项目在一个完整的开发经营流程中，如何进行会计及涉税处理，避免碎片化阅读，帮助读者更好地理解。

由于精力有限，加之时间仓促，书中欠妥和不足之处在所难免，尤其是涉及政策尚未明确的热点问题，部分代表了作者的个人观点，恳请广大读者批评指正。

|目　录|

|第1章|

总　论

1.1 房地产行业概况

1.1.1 房地产开发企业简述

本书所指房地产开发企业，是指根据《中华人民共和国城市房地产管理法》规定，以营利为目的，从事房地产开发和经营的企业。设立房地产开发企业，应当具备下列条件：一是有自己的名称和组织机构；二是有固定的经营场所；三是有符合国务院规定的注册资本；四是有足够的专业技术人员；五是法律、行政法规规定的其他条件。

目前，我国房地产市场分为三级市场：一级市场又称土地出让市场，该市场是国家管理的市场；二级市场又称房地产开发市场或者增量房地产市场，经营内容是按照城市总体规划和小区建设规划，对土地进行初级开发和再次开发，然后将开发出来的房地产出售给用地、用房单位或个人；三级市场又称存量房市场，是指在二级市场基础上再次将房地产转让或转租的市场。由于一级开发主体是政府，不属于征税范围，因此本书所述的房地产开发企业从事的开发和经营业务，主要是指房地产二级市场，部分业务涉及三级市场。

1.1.2 房地产开发企业经营情况

房地产开发企业一般在项目所在地成立具有法人资格的项目公司，项目公司下设开发部、工程部、招投标部、预决算部、营销部、资金部和财务部，该项目公司独立核算。对房地产开发企业不具有独立法人资格的项目部，由房地产开发公司统一核算。

目前，房地产开发公司进行房地产项目开发一般分为三个阶段，主要围绕“五证”依次进行。

1. 前期准备阶段

前期准备工作主要包括由国家发展和改革委员会（以下简称“发改委”）对房地产项目进行立项审批，规划委员会对项目进行规划审批，进行设计施工、土地出让或者转让等。此阶段的主要工作是取得项目开工建设的一系列许可证和取得项目建设用地的国有土地使用权。五证中的建设工程规划许可证和建设工程开工许可证都是在这个阶段取得的，国有土地使用权证由于开发商支付土地使用金的时间不同，取得的时间也不尽相同。

2. 建筑施工阶段

建筑施工阶段是开发商委托建筑公司进行项目建设的阶段，该阶段是房地产开发的重要阶段。

3. 销售阶段

销售阶段是开发商出售商品房，回收资金实现盈利的阶段。一个项目销售的成败决定着开发商的根本利益。销售分为预售和现房销售两个阶段，预售即通常所说的期房销售，是指开发商在建设工程竣工之前进行销售；现房销售即房地产开发企业在取得竣工证或竣工验收合格文件后进行销售。由于预售可以提前回收资金，目前房地产开发企业大多采用此种销售方式。还有部分房地产企业开发房地产是为了经营租赁或增值收益，这类企业将长期持有房地产，短时期内不对外销售。

1.1.3 房地产开发企业核算情况

1. 房地产开发产品的特点

结合房地产开发企业开发房地产项目的经营情况，房地产开发也具有开发产品固定性、开发周期长、资金运作密集等特点。

（1）开发产品固定性。房地产项目的位置固定不变，不能分割拆零销售，每套房产都有一套完整的档案资料。

（2）开发周期长。开发产品从立项到交付使用，少则 1 年，多则数年才能完成，有的多个项目同时开发或者先后滚动开发。

（3）资金运作密集性。它主要表现为投入资金的密集型和回笼资金的集中性。住房和城乡建设部按照房地产开发企业的资质等级，还规定了不同的注册资本要求，就是为了保障交易安全。

2. 房地产开发企业核算特点

（1）收入核算。一般而言，房地产开发企业取得的收入主要是商品房销售收入、不动产租赁收入以及经营管理费等服务收入，其中最为复杂的是不动产销售收入，其特殊性和复杂性举例如下：

1）预收账款的处理。房地产开发企业采用预售方式销售房地产的，其取得的预收款计入预收账款，不计入收入。但该笔预收款项需要按照 3% 的预征率预缴增值税，在以后的应纳增值税中抵减。

2）对房地产项目和土地使用权核算的处理。房地产开发的房地产项目，以及持有的土地使用权按照存货处理，不按照固定资产或者无形资产处理。

3）房产交接确认收入的处理。一般情况下，购买方收清款项后方可办理房屋交接手续，才能确认收入。但也存在以下几类特殊情况：对于分期付款买卖房屋的，不需要收清款项，仅在按合同约定的时点履行交接手续后即可确认收入；对于购买方在签订房屋交接单后无正当理由拒绝收房的，可凭借交接单确认收入；对已签订交接单但未领取钥匙的，可凭借交接单和“钥匙委托保管书”确认销售收入；未签订房屋交接单且拒绝收房的，可在达到合同约定交房条件时确认收入。

（2）成本费用支出。房地产开发企业将开发一定数量的商品房所支出的全部费用按成本项目进行归集和分配，最终计算出开发项目总成本和单位建筑面积成本，房地产的成本费用支出一般在前期开发阶段发生，列入“开发成本”核算，不涉及销项税额的计算。一般包括：

1）土地征用及拆迁补偿费。该项费用是企业为取得土地开发使用权而发生的各项费用，主要包括土地征用费、拆迁补偿费、市政配套费、土地开发权批复费等。

2）前期工程建设费。该项费用是企业在取得土地开发权后，项目开发前期的筹建、规划、设计、可行性研究、水文地质勘查、测绘等前期费用，主要包括项目整体性批报建设费、规划设计费、勘测丈量费、“三通一平”费、临时设施费、预算编审费等。

3）基础设施建设费。该项费用是企业在项目开发过程中发生的小区内，建筑安装工程施工图预算项目之外的道路、供水、供电、供热、供气、照明、绿化等基础设施费用，以及向市政公司缴纳的各种费用，主要包括道路工程费、供电工程费、给水排水工程费、煤气工程费、供暖工程费、通信工程费、电视工程费、照明工程费、绿化和环卫工程费等。

4）建筑安装工程费。该项费用是企业在项目开发过程中发生的列入建筑安装工程施工图预算项目之内的费用，如土建工程费、安装工程费、装修工程费、工程监理费等。

5）公共配套设施费。该项费用是企业根据法规规定，对产权及收益权不属于开发商，开发商不能有偿转让也不能转作自留固定资产的公共配套设施支出。

6）开发间接费。该项费用是企业直接组织和管理开发项目所发生的，主要包括管理人员工资、职工福利费、折旧费、修理费、办公费、水电费、劳动保护费、工程管理费、周转房摊销以及项目营销设施建造费等。

7）借款费用。该项费用是企业在项目开发过程中符合资本化条件的借款费用。

1.2 增值税业务概述

1.2.1 营改增改革历程

营业税改征增值税，是国家为进一步深化税制改革出台的重要举措，旨在解决营业税计税方式所导致的重复征税问题。2011 年 10 月，国务院决定开展营改增试点工作，逐步将征收营业税的行业改为征收增值税。2012 年 1 月 1 日，率先在上海开展交通运输业和部分现代服务业营改增试点；2012 年 9 月 1 日至 2012 年 12 月 1 日，交通运输业和部分现代服务业营改增试点由上海市分 4 批次扩大至北京市、江苏省、安徽省、福建省（含厦门市）、广东省（含深圳市）、天津市、浙江省（含宁波市）、湖北省 8 省（直辖市）；2013 年 8 月 1 日起，交通运输业和部分现代服务业营改增试点推向全国，同时将广播影视服务纳入试点范围；2014 年 1 月 1 日起，铁路运输业和邮政业在全国范围实施营改增试点；2014 年 6 月 1 日起，电信业在全国范围实施营改增试点。至此，营改增试点已覆盖“3+7”个行业，即交通运输业、邮政业、电信业 3 个大类行业和研发技术、信息技术、文化创意、物流辅助、有形动产租赁、鉴证咨询、广播影视 7 个现代服务业。

2016 年 3 月 5 日，国务院总理李克强在第十二届人民代表大会第四次代表会议所做的《政府工作报告》中提出，5 月 1 日起全面实施营改增，并承诺确保所有行业税负只减不增。2016 年 3 月 18 日，国务院常务会议审议通过了全面推开营改增试点方案，明确自 2016 年 5 月 1 日起，全面推开营改增试点，将建筑业、房地产业、金融业、生活服务业纳入试点范围。2016 年 3 月 23 日，财政部、国家税务总局联合发布《关于全面推开营业税改征增值税试点的通知》(财税〔2016〕36 号，以下简称“36 号文”)，自此，营业税开始彻底退出历史舞台，一整套比较完整的消费型增值税制度基本确立。

此次营改增试点改革主要包括两个方面内容：一是扩大试点行业范围，将建筑业、房地产业、金融业、生活服务业 4 个行业纳入营改增试点范围。其中，建筑业和房地产业适用 11% 的税率，金融业和生活服务业适用 6% 的税率。这些新增试点行业，涉及纳税人近 1 000 万户，是前期营改增试点纳税人总户数的近 1.7 倍；年营业税规模约 1.9 万亿元，约占原营业税总收入的 80%。二是将企业新增不动产纳入增值税抵扣范围，同时，新增试点行业的原有营业税优惠政策原则上延续，对特定行业采取过渡性措施，确保所有行业税负只减不增。

从营改增试点实施效果来看，此次营改增试点贯通了行业之间的抵扣链条，从制度上消除了重复征税，使税收的中性作用得以发挥，加上政策配套出台的多项优惠措施，营改增试点改革减税效应初步显现。根据国家税务总局公布的数据，2016 年 5 ～ 11 月，全面推开营改增试点四大试点行业累计实现增值税应纳税额 6 409 亿元，与应缴纳营业税相比减税 1 105 亿元，税负下降 14.7%，其中房地产业减税 111 亿元，税负下降 7.9%。对于广大营改增试点企业而言，全面推开营改增试点是一个新的发展机遇，需要企业从会计核算、经营管理等方面进行全方位的应对。

1.2.2 营业税和增值税的差异分析

由于增值税的设置原理与营业税存在本质上的不同，由此引发了营业税和增值税在纳税义务人、征税对象、征税地点、计税方式、发票管理等税务管理方面，以及具体会计核算方面的巨大差异。对试点企业，需要付出相当的努力来适应营改增税制改革带来的变化和冲击，而对于核算较为复杂的房地产开发企业而言，将付出更多心血用以规范增值税相关财税核算。为帮助房地产开发企业顺利完成营业税向增值税的过渡，本书特别梳理比较了营业税与增值税下房地产开发企业在税务管理、会计核算等方面的差异，以便更好地理解税制改革带来的变化。

1. 税务管理方面存在的差异

增值税是以单位和个人在生产经营过程中取得的增值额为课税对象征收；营业税是就征税范围内取得的营业额为课税对象征收。这种设置原理的差异，则直接体现在增值税和营业税的计税方法上。同时，由于增值税属于中央地方共享税种，营业税（除特定对象外）为地方税种，在具体的税务管理方式上也存在较大的差异，具体如下：

（1）计税方式。根据我国企业实际经营情况，增值税在实际征收过程中分为一般纳税人与小规模纳税人，一般纳税人采用以销项税额扣减进项税额的方式计算，小规模纳税人则采用一个较低的征收率来计算应纳增值税额。与营业税纳税义务人没有身份分类，统一按照行业税率征收的模式相比，增值税的税款计算与征管方式有所差异。按照房地产开发企业的规模，正常情况下均应认定为增值税一般纳税人。

（2）计税依据。增值税是价外税，其缴纳的税金应以商品或劳务的价格作为计税依据进行计算，税金本身不属于价款的一部分。而营业税是价内税，其缴纳的税金已经包含在商品或劳务价格中，税金是价款的一个组成部分。以房地产开发企业销售楼盘为例，假使某套楼房销售额 100 万元（该楼盘营改增后采用简易计税方式），营业税计税依据为 100 万元，税额 5 万元；增值税计税依据为 100 ÷（1 + 5%）= 95.24（万元），税额 4.76 万元。

（3）税率（征收率）。建筑业营业税税率 3%，营改增后适用 11% 的增值税税率；转让不动产、转让土地使用权营业税税率 5%，营改增后适用 11% 的增值税税率；金融保险业和服务业营业税税率 5%，娱乐业营业税税率 5% ～ 20%，营改增后均适用 6% 的增值税税率。此外，增值税征收率一般为 3%，对符合条件的房地产企业销售自行开发房地产等业务适用简易征收的，征收率 5%。

（4）行业划分。值得注意的是，营改增行业划分并不完全是对营业税行业划分的平移，如营改增试点行业“生活服务业”，是原营业税下部分服务业、部分文化体育业和娱乐业的合并。营改增试点还对部分具体业务的行业归属进行了重新划定。

（5）征收机关和纳税地点。征收机关方面，除纳税人销售其取得的不动产和其他个人出租不动产等业务外，增值税均为国税机关征收；除铁道部门、银行总行和保险公司营业税由国税机关征收外，营业税通常为地税机关征收。纳税地点方面，增值税主要在机构所在地申报缴纳，营业税则按照业务的不同分别在机构所在地或者劳务发生地缴纳。营改增后，增值税的缴纳地点（含预缴）将根据纳税主体（企业或个人）、业务类型、经营地点的不同有所区分，情形较营业税下更为复杂。

（6）发票管理。营业税发票按照属地化进行管理和设置，因此各地管理方式均有所不同。增值税发票管理更加严格，专用发票等票种均在全国范围内统一纳入增值税税控发票管理新系统进行管理、监控。近年来，国家税务总局对虚开增值税发票的打击力度不断加大，营改增后发票的改革和规范使用更是不容试点企业忽视的重要环节，具体增值税发票管理方式详见第 5 章。

2. 财务结构方面存在的差异

2016 年 12 月 2 日，财政部下发《增值税会计处理规定》，营改增试点纳税人会计处理规定存在较大变化，原有的《营业税改征增值税试点有关企业会计处理规定》（财会〔2012〕13 号）及《关于小微企业免征增值税和营业税的会计处理规定》（财会〔2013〕24 号）等原有关增值税会计处理的规定同时废止。本书所指会计处理均按照最新规定设置。

（1）会计科目设置的变化。营业税下企业主要通过“应交税费——应交营业税”和“营业税金及附加”科目进行明细核算；增值税设置相较于营业税则更复杂，根据最新规定，一般纳税人需在“应交税费”科目下设置“应交增值税”“未交增值税”“预交增值税”“待抵扣进项税额”等10个明细科目，每个明细科目下再设置多个科目，根据业务类型和处理方式的不同选择不同的科目进行核算；“营业税金及附加”科目名称调整为“税金及附加”科目，该科目不含增值税，并明确核算企业经营活动发生的相关税费，突出变化是将原本核算在“管理费用”项下的房产税、土地使用税、车船使用税以及印花税调整至该科目核算；“应交税费”下的增值税相关科目分别进入资产负债表中资产项和负债项。

（2）对会计报表列示的变化。第一，此次营改增试点改革之前，企业不动产和无形资产都属于营业税征税范围，均按照含营业税的买价入账；试点实施后，购入的不动产和无形资产以不含营业税的买价入账，相关期初余额、由此产生的折旧和摊销、期末余额均发生变化，进而影响资产负债表和利润表中的相应数额。第二，营业税核算体系下，通常是在收到款项时全部列入收入，营业税计入“营业税金及附加”等科目，影响当期损益；增值税为价外税，不在“税金及附加”中核算，不进入利润表列示，对当期损益没有影响。

（3）对企业财务管理方式的变化。第一，要根据工作需要设置各类台账。由于增值税需要按照销项、进项分别核算，其中销项涉及简易计税、视同销售、扣除预缴、兼营、混合销售等多种方式，进项核算涉及发票认证、财务审核、当期抵扣、分期抵扣、不予抵扣等多种情况，此外，房地产企业还存在对土地成本进行分期扣除的管理需要，情况十分复杂，要求企业必须按照税务规定或企业需要，建立销售台账、进项抵扣台账、不动产和不动产在建工程、可供扣除的土地价款台账等。第二，应更加注重增值税发票或其他扣税凭证的合规性审核，如仅有6类凭证符合增值税进项抵扣的要求；通过完税凭证抵扣进项的，还应具备书面合同、付款证明和境外单位的对账单和发票；扣除土地价款的应当取得省级以上（含省级）财政部门监制的财政票据等。

|第 2 章|

房地产开发企业增值税纳税实务处理

本章主要围绕房地产行业增值税最新税收政策展开介绍，从销项和进项两方面着手，重点分析不同类型业务的销项税额计算操作和进项税额的抵扣操作，并对房地产行业的常见税务实操问题进行探讨，最后简单剖析营改增对房地产开发企业其他税种的影响。

2.1 增值税基本政策

2.1.1 纳税人和扣缴义务人

1. 纳税人

在中华人民共和国境内销售、出租自己开发的房地产项目的企业，为增值税纳税人。

增值税纳税人分为一般纳税人与小规模纳税人两大类。纳税人应税行为的年应征增值税销售额超过财政部和国家税务总局规定标准的纳税人为一般纳税人，未超过规定标准的纳税人为小规模纳税人。

从房地产开发企业的规模来看，基本不存在小规模纳税人的情况。因此本书将着重于一般纳税人的讲解。

2. 扣缴义务人

中华人民共和国境外单位或者个人在境内发生应税行为，在境内未设有经营机构的，以购买方为增值税扣缴义务人。

房地产开发企业在接受境外设计咨询服务，且该境外单位或者个人在境内未设有经营机构时，需要代为扣缴。

2.1.2 征税范围

36号文附件《销售服务、无形资产或者不动产注释》规定，房地产业主要涉及以下税目：

（1）房地产企业销售自行开发的房地产项目适用销售不动产税目。

（2）房地产企业出租自行开发的房地产项目（包括商铺、写字楼、公寓等），适用租赁服务税目中的不动产经营租赁服务税目。

2.1.3 税率与征收率

（1）房地产企业销售、出租不动产适用的税率均为11%。

（2）一般纳税人销售、出租不动产等业务选择简易计税方法的，征收率为5%。

（3）境内的购买方为境外单位和个人扣缴增值税的，按照适用税率扣缴增值税。

2.1.4 纳税义务、扣缴义务发生时间

增值税纳税义务、扣缴义务发生时间为：

（1）纳税人发生应税行为并收讫销售款项或者取得索取销售款项凭据的

当天；先开具发票的，为开具发票的当天。

收讫销售款项，是指纳税人销售服务、无形资产、不动产过程中或者完成后收到款项。

取得索取销售款项凭据的当天，是指书面合同确定的付款日期；未签订书面合同或者书面合同未确定付款日期的，为服务、无形资产转让完成的当天或者不动产权属变更的当天。

（2）纳税人提供建筑服务、租赁服务采取预收款方式的，其纳税义务发生时间为收到预收款的当天。

（3）纳税人从事金融商品转让的，为金融商品所有权转移的当天。

（4）纳税人发生视同销售情形的，其纳税义务发生时间为服务、无形资产转让完成的当天或者不动产权属变更的当天。

（5）增值税扣缴义务发生时间为纳税人增值税纳税义务发生的当天。

2.1.5 纳税地点

（1）固定业户应当向其机构所在地或者居住地主管税务机关申报纳税。总机构和分支机构不在同一县（市）的，应当分别向各自所在地的主管税务机关申报纳税；经财政部和国家税务总局或者其授权的财政和税务机关批准，可以由总机构汇总向总机构所在地的主管税务机关申报纳税。

（2）非固定业户应当向应税行为发生地主管税务机关申报纳税；未申报纳税的，由其机构所在地或者居住地主管税务机关补征税款。

（3）其他个人提供建筑服务，销售或者租赁不动产，转让自然资源使用权，应向建筑服务发生地、不动产所在地、自然资源所在地主管税务机关申报纳税。

（4）扣缴义务人应当向其机构所在地或者居住地主管税务机关申报缴纳扣缴的税款。

2.1.6 纳税申报期限

增值税的纳税期限分别为1日、3日、5日、10日、15日、1个月或者1个季度。纳税人的具体纳税期限，由主管税务机关根据纳税人应纳税额的大小分别核定。以1个季度为纳税期限的规定适用于小规模纳税人、银行、财务公司、信托投资公司、信用社，以及财政部和国家税务总局规定的其他纳税人。不能按照固定期限纳税的，可以按次纳税。

纳税人以1个月或者1个季度为1个纳税期的，自期满之日起15日内申报纳税；以1日、3日、5日、10日或者15日为1个纳税期的，自期满之日起5日内预缴税款，于次月1日起15日内申报纳税并结清上月应纳税款。

扣缴义务人解缴税款的期限，按照前两款规定执行。

2.1.7 差额扣除政策

涉及房地产差额扣除的政策有：

（1）房地产开发企业中的一般纳税人销售其开发的房地产项目（选择简易计税方法的房地产老项目除外），以取得的全部价款和价外费用，扣除受让土地时向政府部门支付的土地价款后的余额为销售额。

（2）一般纳税人销售其2016年4月30日前取得的不动产（不含自建），适用一般计税方法计税的，以取得的全部价款和价外费用为销售额计算应纳税额。上述纳税人应以取得的全部价款和价外费用减去该项不动产购置原价或者取得不动产时的作价后的余额，按照5%的预征率向不动产所在地的主管地税机关预缴增值税，向机构所在地的主管国税机关进行纳税申报。

（3）一般纳税人销售其2016年4月30日前取得（不含自建）的不动产，可以选择适用简易计税方法，以全部收入减去该项不动产购置原价或者取得不动产时的作价后的余额，按照5%的预征率向不动产所在地的主管地税机关预缴税款，向机构所在地的主管国税机关进行纳税申报。

（4）一般纳税人销售其2016年5月1日后取得（不含自建）的不动产，

应适用一般计税方法，以取得的全部价款和价外费用为销售额计算应纳税额。纳税人应以取得的全部价款和价外费用减去该项不动产购置原价或者取得不动产时的作价后的余额，按照5%的预征率向不动产所在地的主管地税机关预缴税款，向机构所在地的主管国税机关进行纳税申报。

（5）按照上述规定差额缴纳增值税的，如因丢失等原因无法提供取得不动产时的发票，可向税务机关提供其他能证明契税计税金额的完税凭证等资料，进行差额扣除。纳税人同时保留取得不动产时的发票和其他能证明契税计税金额的完税凭证等资料的，应当凭发票进行差额扣除。

纳税人以契税计税金额进行差额扣除的，按照下列公式计算增值税应纳税额：

1）2016年4月30日及以前缴纳契税的。

增值税应纳税额＝[全部交易价格（含增值税）－契税计税金额（含营业税）]÷（1+5%）×5%

2）2016年5月1日及以后缴纳契税的。

增值税应纳税额＝[全部交易价格（含增值税）÷（1+5%）－契税计税金额（不含增值税）]×5%

2.1.8 应交增值税计算

1. 计税方法

增值税的计税方法，包括一般计税方法和简易计税方法。

房地产开发企业中的一般纳税人，销售自行开发的房地产老项目，可以选择适用简易计税方法计税，但一经选择，36个月内不得变更。销售自行开发的房地产新项目，适用一般计税方法。

房地产老项目，是指建筑工程施工许可证注明的合同开工日期在2016年4月30日前的房地产项目，及建筑工程施工许可证未注明合同开工日期或者未取得建筑工程施工许可证但建筑工程承包合同注明的开工日期在

2016 年 4 月 30 日前的建筑工程项目。

房地产开发企业中的一般纳税人，出租其 2016 年 4 月 30 日前自建的不动产，可以选择适用简易计税方法计税，但一经选择，36 个月内不得变更。出租其 2016 年 4 月 30 日后自建的不动产，适用一般计税方法。

2. 一般计税方法的应纳税额

一般计税方法的应纳税额按以下公式计算：

应纳税额 = 当期销项税额 − 当期进项税额

当期销项税额小于当期进项税额不足抵扣时，其不足部分可以结转下期继续抵扣。

3. 简易计税方法的应纳税额

简易计税方法的应纳税额，是指按照销售额和增值税征收率计算的增值税额，不得抵扣进项税额。应纳税额计算公式：

应纳税额 = 销售额 × 征收率

简易计税方法的销售额不包括其应纳税额，纳税人采用销售额和应纳税额合并定价方法的，按照下列公式计算销售额：

销售额 = 含税销售额 ÷（1+ 征收率）

2.1.9 预缴税款

1. 销售不动产

根据 36 号文及《房地产开发企业销售自行开发的房地产项目增值税征收管理暂行办法》(国家税务总局公告 2016 年第 18 号，以下简称“18 号公告”) 规定，一般纳税人采取预收款方式销售自行开发的房地产项目，应在收到预收款时按照 3% 的预征率预缴增值税，在取得预收款的次月纳税申报期向主管国税机关缴纳。

一般纳税人销售自行开发的房地产项目，应按照 36 号文规定的纳税义务发生时间以当期销售额和适用税率或征收率计算当期应纳税额，抵减已预缴税款后，向主管国税机关申报纳税。未抵减完的预缴税款可以结转下期继续抵减。

应预缴税款按照以下公式计算：

应预缴税款 = 预收款 ÷（1+ 适用税率或征收率）×3%

适用一般计税方法计税的，按照 11% 的适用税率计算；适用简易计税方法计税的，按照 5% 的征收率计算。

2. 转让不动产

根据 36 号文及《纳税人转让不动产增值税征收管理暂行办法》（国家税务总局公告 2016 年第 14 号，以下简称 14 号公告），纳税人应按照 5% 的预征率向不动产所在地主管国税机关预缴税款，向机构所在地主管国税机关申报纳税。

应预缴的税款应区别情况按照以下公式计算：

（1）转让取得的不动产（不含自建）。

应预缴税款 =（全部价款和价外费用 − 不动产购置原价或者取得不动产时的作价）÷（1+5%）×5%

（2）转让自建的不动产。

应预缴税款 = 全部价款和价外费用 ÷（1+5%）×5%

3. 出租不动产

根据 36 号文及《纳税人提供不动产经营租赁服务增值税征收管理暂行办法》（国家税务总局公告 2016 年第 16 号，以下简称“16 号公告”），不动产所在地与机构所在地不在同一县（市、区）的，纳税人应向不动产所在地主管国税机关预缴税款，向机构所在地主管国税机关申报纳税。

预缴税款应区分情况按照以下公式计算：

（1）增值税一般纳税人经营租赁方式出租不动产，采取一般计税方法且需预缴税款的。

应预缴税款 = 含税销售额 ÷（1+11%）×3%

（2）增值税一般纳税人经营租赁方式出租不动产，采取简易计税方法且需预缴的。

应预缴税款＝含税销售额 ÷（1+5%）×5%

2.2 增值税销项税额计算操作指引

自房地产行业营改增之后，增值税对于房地产企业来讲是个陌生的领域。许多纳税人对发生销售收款业务时的纳税处理存有一些疑惑，如增值税预缴的基础是什么；如何计算销项税额；如何确定纳税义务的发生时点；如何计算销项税额的抵减；如何进行纳税申报等。本节将从政策层面出发，按照房地产企业可能涉及的业务种类进行解析。

2.2.1 销售自行开发房地产项目的销项税额计算操作指引

1. 适用范围

（1）房地产开发企业销售自行开发的房地产项目。

自行开发，是指在依法取得土地使用权的土地上进行基础设施和房屋建设。要满足该条件，必须是具有房地产开发经营资质的企业从事的相关活动(若为合作开发，则必须有一个合作方具有房地产开发经营资质)，同时开发的项目必须是房地产项目且是一手房交易。

（2）房地产开发企业以接盘等形式购入未完工的房地产项目继续开发后，以自己的名义立项销售。

凡属于上述两种情形的，均按照房地产开发企业销售自行开发房地产项目计算缴纳增值税。

2. 纳税义务发生时点

房地产开发企业销售自行开发房地产项目的纳税时点，为纳税人发生销售不动产行为并收讫销售款项或者取得索取销售款项凭据的当天；先开具发票的，为开具发票的当天。

在房地产实际经营业务中，销售环节往往分为认筹阶段（涉及意向金、订金、认筹金）、签约阶段（涉及定金、分期取得首付款 / 全款以及按揭贷款）、“交钥匙”等阶段。所谓“交钥匙”即交房，是指房地产开发商将符合约定交付条件的住宅交付于买受人的行为。根据《销售服务、无形资产或者不动产注释》，销售不动产是指**转让不动产所有权**的业务活动，因此，房地产开发企业确认转让不动产所有权的时点应是所谓的“交钥匙”阶段，该时点也与房地产行业确认收入成本结转利润的时点相同。

同时，房地产开发企业采取预收款方式销售自行开发的房地产项目，收到预收款时不确认为纳税义务发生，但应按照 3% 的预征率预缴增值税。

3. 纳税地点

按照 36 号文规定，房地产开发企业中的一般纳税人销售老项目采用一般计税方法的，应向不动产所在地预缴增值税，向机构所在地申报纳税；其余情况，一般纳税人向机构所在地预缴和申报纳税。按照 18 号公告规定，房地产开发企业应向主管税务机关预缴税款和申报纳税。

上述两个文件对于预缴增值税所在地的规定表述有所不同，笔者认为，不动产所在地税务机关与机构所在地税务机关均有可能成为企业的主管税务机关，两个文件并不存在矛盾冲突。因此，结合 36 号文规定，房地产开发企业中的一般纳税人销售老项目采用一般计税方法的，应向不动产所在地预缴增值税，向机构所在地申报纳税。

例 2-1 甲房地产开发企业为一般纳税人，机构所在地为北京市海淀区，2015 年该公司在丰台区取得一块土地，分两期开发，一期于 2015 年 12 月取得建筑工程施工许可证，二期于 2016 年 5 月取得建筑工程施工许可证，2016 年 12 月一期取得预收款 500 万元，二期取得预收款 600 万元。一二期均于 2018 年交付房屋。甲房地产开发企业针对一二期均按照一般计税方法进行增值税纳税申报。

解析 甲房地产开发企业一期于2016年4月30日前取得建筑工程施工许可证，即为老项目，甲房地产开发企业可选择简易计税办法或一般计税办法。在本例中，甲房地产开发企业选择一般计税方法，因此甲房地产开发企业应就2016年12月取得预收款于2017年1月向丰台区国税局按照3%的预征率预缴增值税，向海淀区国税局申报纳税。

甲房地产开发企业二期于2016年5月1日之后取得建筑工程施工许可证，即为新项目，适用一般计税方法，因此应向海淀区国税局预缴增值税及纳税申报。

4. 预缴税款

房地产开发企业采用预收款方式销售自行开发的房地产项目，应在收到预收款时按照3%的预征率预缴增值税。

（1）一般纳税人销售自行开发房地产项目并采取一般计税方式。

预缴税款 = 预收款 ÷（1+11%）×3%

（2）一般纳税人销售自行开发房地产项目并采取简易计税方式。

预缴税款 = 预收款 ÷（1+5%）×3%

例 2-2 甲房地产开发企业为一般纳税人，对占地面积为20 000m^2的土地进行开发，建筑工程施工许可证上标明其施工日期为2015年9月，建筑面积为92 000m^2，2017年5月开盘销售，2017年6月收取A客户房屋诚意金100万元，开具收据；2017年9月与A客户签订购房合同，合同标明房屋价款为800万元，当月支付首期款项300万元，将6月已支付的诚意金100万元转为首付款，A客户当月收到甲房地产开发企业开具的金额为400万元，税率为0的全额发票。该项目适用一般计税办法。

解析 2017年6月收取A客户房屋诚意金100万元，该部分款项没有签订合同，不属于预收款，无须缴纳增值税。

2017年9月，就预收款项300万元和诚意金100万元转为首付款的部分预缴增值税，由于该项目选择一般计税办法，预缴税款的计算如下：

预缴税款 =（300+100）÷（1+11%）×3%=10.81（万元）

2017 年 9 月开具的金额 400 万税率为 0 的全额发票，不需要申报缴纳税款。

5. 销项税额

（1）一般纳税人适用简易办法计税销售自行开发房地产项目。

对一般纳税人销售自行开发的房地产老项目适用简易计税方法计税的，以取得的全部价款和价外费用为销售额，不得扣除对应的土地价款。企业可抵减已预缴的税款后，向机构所在地主管国税机关申报纳税。

应纳税额 =（全部价款 + 价外费用）÷（1+5%）×5%

例 2-3 甲房地产开发企业于 2014 年 5 月开发一楼盘，该楼盘于 2017 年 2 月达到交付使用条件，开始通知业主办理入住手续，该楼盘 2017 年 2 月交付的房屋建筑面积共计 500m^2，交付的房屋 2016 年 12 月 31 日前已收齐全部价款，共计 3 000 万元。交付当月向购房人开具发票，并确认收入。2017 年 4 月收取代购房者办理房产证的房屋维修资金共计 100 万元。该项目选择简易计税办法计税。

解析 纳税义务发生时间为发生销售不动产行为并收讫销售款项或者取得索取销售款项凭据的当天；先开具发票的，为开具发票的当天。2017 年 2 月房屋交付，不动产产权转移，企业应于 2017 年 3 月申报缴纳税款，其应纳增值税为 3 000÷（1+5%）×5%=142.86（万元）。同时，该项目已预缴税款为 3 000÷（1+5%）×3%=85.71（万元），因此 2017 年 3 月实际缴纳税款为 142.86 — 85.71=57.15（万元）。

2017 年 4 月收取代购房者办理房产证的房屋维修资金 100 万元属于企业代政府收取政府性基金和行政事业性收费，免征增值税。

（2）一般纳税人适用一般计税办法。

1）销售额。房地产开发企业中的一般纳税人销售自行开发的房地产项目，适用一般计税方法计税，按照取得的全部价款和价外费用，扣除当期销售房地产项目对应的土地价款后的余额计算销售额。

销售额=（全部价款和价外费用－当期允许扣除的土地价款）÷（1+11%）

2）土地价款的扣除。允许扣除土地价款的仅包括房地产新项目和选择一般计税方法的老项目，也就是说适用5%的税率和扣除土地成本不可兼得。房地产对应的全部土地价款不能一次性扣除，而应该根据销售进度逐期扣除。具体计算公式如下：

当期允许扣除的土地价款＝（当期销售房地产项目建筑面积 ÷ 房地产项目可供销售建筑面积）× 支付的土地价款

其中：当期销售房地产项目建筑面积，是指当期进行纳税申报的增值税销售额对应的建筑面积。

房地产项目可供销售建筑面积，是指房地产项目可以出售的，计容积率地上的总建筑面积，不包括销售房地产项目时未单独作价结算的配套公共设施的建筑面积以及地下车位建筑面积。也就是说，房地产开发项目中小区道路、园林景观或者根据规划条件建设的无偿移交业主或政府的学校、医院等，均不包含在该公式所指的房地产项目可供销售建筑面积中。

需要说明的是：

① 允许进行扣除的土地价款是指向政府、土地管理部门或受政府委托收取土地价款的单位直接支付的土地价款，原则上需要取得省级以上（含省级）财政部门监（印）制的财政票据的土地价款才允许扣除。

② 向政府部门支付的土地价款，包括土地受让人向政府部门支付的征地和拆迁补偿费用、土地前期开发费用和土地出让收益等。同时，取得土地时向其他单位或个人支付的拆迁补偿费用也允许在计算销售额时扣除。企业按上述规定扣除拆迁补偿费用时，应提供拆迁协议、拆迁双方支付和取得拆

迁补偿费用凭证等能够证明拆迁补偿费用真实性的材料。

③ 房地产开发企业（包括多个房地产开发企业组成的联合体）受让土地向政府部门支付土地价款后，设立项目公司对该受让土地进行开发，同时符合下列条件的，可由项目公司按规定扣除房地产开发企业向政府部门支付的土地价款。一是房地产开发企业、项目公司、政府部门三方签订变更协议或补充合同，将土地受让人变更为项目公司；二是政府部门出让土地的用途、规划等条件不变的情况下，签署变更协议或补充合同时，土地价款总额不变；三是项目公司的全部股权由受让土地的房地产开发企业持有。②和③所说土地价款和拆迁补偿费用，允许计算扣除但未扣除的，从 2016 年 12 月（所属期）起可计算扣除。

④ 公共配套等不可单独销售面积，未包含在“房地产项目可供销售建筑面积”中，但其对应的土地成本包含在支付的土地价款中，随着销售的完成，该部分土地成本也将全部扣除。

3）销项税额。

销项税额 =（全部价款和价外费用 − 当期允许扣除的土地价款）÷（1+11%）×11%

例 2-4 甲房地产开发企业开发的楼盘于 2018 年 6 月达到交付使用条件，2018 年 6 月交付的房屋建筑面积共计 30 000m^2，交付的房屋 2018 年 4 月 30 日前已收齐全部价款，共计 150 000 万元，甲房地产开发企业交付当月向购房人开具发票，并确认收入。该项目可供销售的建筑面积为 100 000m^2，土地取得成本 200 000 万元，采用一般计税方式计算增值税。

解析 2018 年 6 月对应可扣除的土地成本为：

当期允许扣除的土地价款 =（当期销售房地产项目建筑面积 ÷ 房地产项目可供销售建筑面积）× 支付的土地价款 =（30 000÷100 000）×200 000=60 000（万元）

2018 年 6 月，企业应确认的增值税销售额为：

销售额 =（全部价款和价外费用 − 当期允许扣除的土地价款）÷（1+11%）=（150 000−60 000）÷（1+11%）=81 081.08（万元）

2018 年 7 月，甲房地产开发企业应申报 2018 年 6 月的增值税销项税额为 81 081.08 × 11%=8 918.92（万元）。

2.2.2 转让不动产的销项税额计算操作指引

1. 适用范围

房地产开发企业转让其取得的不动产适用本办法。

转让取得的不动产行为应区别于销售自行开发的房地产项目。转让取得的不动产是指房地产企业通过直接购买、接受捐赠、接受投资入股、自建以及抵债等各种形式取得不动产，并将其转让的行为，即所谓的“二手房”交易。销售自行开发的房地产项目是指房地产企业在依法取得的土地上进行房地产项目建造并销售或者房地产开发企业以接盘等形式购入未完工的房地产项目继续开发后，以自己的名义立项销售的行为，即所谓的“一手房”交易。两种行为分别适用不同的增值税管理办法，转让不动产行为适用 14 号公告，销售自行开发的房地产项目适用 18 号公告。

由于 14 号公告中转让自建取得的不动产主要是指非房地产企业自建并转让不动产的情况，或者房地产企业自建非房地产项目的情况，在实际操作中，房地产企业自建非房地产项目并对外出售的情况较为少见，因此本小节不对此情况展开阐述。

房地产开发企业为了将自行开发的房产项目对外出租而把房产登记在自己公司名下，而后又对外销售，属于转让不动产范畴，不是销售自行开发的房产项目。本小节主要围绕房地产企业销售“二手房”增值税相关业务如何操作展开。

2. 纳税义务发生时点

转让不动产的纳税义务发生的时点为发生应税行为并收讫销售款项或者取得索取销售款项凭据的当天；先开具发票的，为发票开具的当天。

3. 纳税地点

纳税人在纳税义务发生时，应计算销项税额，并应向不动产所在地主管地税机关预缴税款，向机构所在地主管国税机关申报纳税。

4. 预缴税款

对于房地产开发企业来讲，转让其取得的不动产，不论选择何种计税方法计税，其预缴的税款计算方法一样。

应预缴税款 =（全部价款和价外费用 − 不动产购置原价或者取得不动产时的作价）÷（1+5%）×5%

5. 销项税额

一般纳税人销售其 2016 年 4 月 30 日前取得（不含自建）的不动产，既可以选择简易计税方法也可以选择一般计税方法；一般纳税人销售其 2016 年 5 月 1 日后取得（不含自建）的不动产，应适用一般计税方法。

（1）转让 2016 年 4 月 30 日前取得的不动产并选择简易计税方法的。纳税人应以取得的全部价款和价外费用扣除不动产购置原价或者取得不动产时的作价后的余额为销售额，按照 5% 的征收率计算应纳税额。

应纳税额 =（全部价款和价外费用 − 不动产购置原价或者取得不动产时的作价）÷（1+5%）×5%

这种情况下，增值税的预缴金额与申报纳税金额一致。

（2）转让 2016 年 4 月 30 日前取得的不动产并选择一般计税方法的。转让 2016 年 4 月 30 日前取得的不动产并选择一般计税方法的，以取得的全部价款和价外费用为销售额计算应纳税额，适用税率为 11%。

销项税额 = 全部价款和价外费用 ÷（1+11%）×11%

（3）转让 2016 年 5 月 1 日后取得的不动产。转让 2016 年 5 月 1 日后取得的不动产适用一般计税方法，应以取得的全部价款和价外费用为销售额计算应纳税额，适用税率为11%。

销项税额＝全部价款和价外费用 ÷（1+11%）×11%

例 2-5 甲房地产开发企业为一般纳税人，机构所在地为北京市海淀区，2016年6月该公司转让位于丰台区的一栋写字楼，获得价款10 000万元，该写字楼为2015年度资产重组所得，当时取得价款为5 000万元。

纳税地点解析 该企业应于2016年7月向丰台区国税局预缴增值税，并向海淀区国税局申报纳税。

预缴税款解析 甲房地产开发企业应以取得的全部价款和价外费用扣除不动产购置原价或者取得不动产时的作价后的余额，按照5%的预征率向丰台区国税局预缴税款。预缴金额＝（10 000−5 000）÷（1+5%）×5%＝238（万元）。

销项税额解析 由于甲房地产开发企业转让于2016年4月30日之前取得的不动产，既可以选择简易计税方法，也可以选择一般计税方法，在本例中，假定甲房地产开发企业选择简易计税方法，那么，甲房地产开发企业的销项税额＝（10 000−5 000）÷（1+5%）×5%＝238（万元），并就此金额向海淀区国税局进行销项税额的申报，由于甲房地产开发企业已向丰台区国税局预缴238万元的税款，就此项业务无须再向海淀区国税局进行税款缴纳。

2.2.3 以经营租赁方式出租不动产的销项税额计算操作指引

1. 适用范围

纳税人以经营租赁方式出租其取得的不动产（以下简称“出租不动产”）。

取得的不动产，包括以直接购买、接受捐赠、接受投资入股、自建以及抵债等各种形式取得的不动产。

2. 纳税义务发生时点

出租不动产的纳税义务发生时点为发生应税行为并收讫销售款项或者取得索取销售款项凭据的当天；先开具发票的，为开具发票的当天。采取预收款方式的，其纳税义务发生时间为收到预收款的当天。

出租不动产的应税行为的发生是指在约定时间内将有形动产或者不动产转让他人使用且租赁物所有权不变更的业务活动。

3. 纳税地点

纳税人以经营租赁方式出租其取得的不动产，不动产所在地与机构所在地不在同一县（市、区）的，纳税人应向不动产所在地主管国税机关预缴税款，向机构所在地主管国税机关申报纳税。不动产所在地与机构所在地在同一县（市、区）的，直接向机构所在地主管国税机关直接申报纳税即可，无须预缴税款。

4. 预缴税款

不动产所在地与机构所在地不在同一县（市、区）的需预缴增值税，不动产所在地与机构所在地在同一县（市、区）的，无须预缴增值税。

（1）增值税一般纳税人采取一般计税方法且需预缴税款的。

应预缴税款 = 含税销售额 ÷（1+11%）×3%

（2）增值税一般纳税人采取简易计税方法且需预缴的。

应预缴税款 = 含税销售额 ÷（1+5%）×5%

5. 销项税额

（1）增值税一般纳税人经营租赁方式出租不动产并采取一般计税的。

销项税额 = 含税销售额 ÷（1+11%）×11%

（2）增值税一般纳税人经营租赁方式出租不动产并采取简易计税的。

销项税额 = 含税销售额 ÷（1+5%）×5%

在纳税人简易计税方式下，增值税的预缴金额与纳税申报额一致。

例 2-6 甲房地产开发企业为一般纳税人，机构所在地为北京市海淀区，甲公司名下有 3 套商铺，两处位于河北省唐山市，分别于 2015 年资产重组所得和 2016 年 6 月购买所得，一处位于海淀区，于 2015 年股东投资入股取得。该公司于 2016 年 7 月将这 3 套商铺对外出租，租期均为 1 年，河北省唐山市的租金为 50 万元 / 月，海淀区的租金为 80 万元 / 月，按月支付。针对 2016 年 7 月甲房地产开发企业收取的租金纳税处理如下。

纳税地点解析

① 甲房地产开发企业持有的位于唐山市的商铺，由于不动产所在地与机构所在地不在同一省，甲房地产开发企业 8 月份应就这两套商铺在唐山市国税局预缴税款，在北京市海淀区国税局申报纳税。

② 甲房地产开发企业持有的位于海淀区的商铺，由于不动产所在地与机构所在地在同一区，无须预缴税款，直接于 8 月份在海淀区国税局申报纳税。

预缴税款解析

① 甲房地产开发企业持有的位于唐山市的商铺于 2016 年 4 月 30 日之前取得，既可以选择简易计税方法也可以选择一般计税方法，在本例中，假定甲房地产开发企业选择简易计税方法。

预缴金额 =50÷（1+5%）×5%=2.38（万元）

② 甲房地产开发企业持有的位于唐山市的商铺于 2016 年 6 月购买所得的，适用一般计税方法。

预缴金额 =50÷（1+11%）×3%=1.35（万元）

销项税额解析

甲房地产开发企业持有的位于唐山市的商铺并选择简易计税方法的，销项税额 =50÷（1+5%）×5%=2.38（万元），并就此金额向北京市海淀区国税局进行销项税额的申报，由于甲房地产开发企业已向唐山市国税局预缴 2.38 万元的税款，就此项业务无须再向北京市海淀区国税局进行税款缴纳。

甲房地产开发企业持有的位于唐山市的商铺并选择一般计税方法的，销项税额 =50÷（1+11%）×11%=4.95（万元），并就此全额向海淀区国税局进行销项税额的申报，由于甲房地产开发企业已向唐山市国税局预缴 1.35 万元的税款，就此项业务需再向北京市海淀区国税局缴纳税款 3.6 万元。

甲房地产开发企业持有的位于北京市海淀区的商铺于 2016 年 4 月 30 日之前取得，既可以选择简易计税方法也可以选择一般计税方法，在本例中，假定甲房地产开发企业选择一般计税方法。甲房地产开发企业应就取得的租金收入直接向海淀区国税局申报纳税，销项税额 =80÷（1+11%）×11%=7.93（万元）。

2.2.4 处置使用过的固定资产税额计算操作指引

1. 适用范围

一般纳税人销售自己使用过的固定资产，适用《财政部　国家税务总局关于简并增值税征收率政策的通知》(财税〔2014〕57 号，以下简称 57 号文）规定。

固定资产，是指使用期限超过 12 个月的机器、机械、运输工具以及其他与生产经营有关的设备、工具、器具等有形动产。

使用过的固定资产，是指符合上述规定并根据财务会计制度已经计提折旧的固定资产。

2. 销项税额

（1）增值税一般纳税人销售**未抵扣进项税额**的且自己使用过或者自制的固定资产，纳税人应按照简易办法依 3% 征收率减按 2% 计算缴纳增值税。

应纳税额 = 含税销售额 ÷（1+3%）×2%

（2）增值税一般纳税人销售**已抵扣进项税额**的且自己使用过或者自制的固定资产，纳税人应按正常销售货物适用税率计算缴纳增值税。

应纳税额 = 含税销售额 ÷（1+17%）×17%

例 2-7 甲房地产开发企业（一般纳税人）2016 年 11 月处置一辆已使用 5 年即将报废的车辆，账面价值为 1 万元，处置价格为 2 万元。

解析 甲房地产开发企业处置废旧车辆，因房地产行业于 2016 年 5 月 1 日起实施营改增，在此之前购买的车辆的进项税额未进行抵扣。因此，应采用简易征收办法依照 3% 征收率减按 2% 征收增值税。简易征收的增值税额 = 2 ÷（1+3%）× 2% = 0.04（万元），甲房地产开发企业次月应就此税额向主管税务机关申报纳税。

2.2.5 集团委托贷款利息以及企业资金拆借取得的收入的销项税额计算操作指引

委托贷款和企业资金拆借是众多房地产企业资金运作的一个重要模式，即母公司通过资金池管理把整个集团闲置的资金聚拢到一起，然后根据项目公司的需求，发放委托贷款或将资金拆借给项目公司。

委托贷款是指由委托人提供合法来源的资金转入委托银行一般委存账户，委托银行根据委托人确定的贷款对象、用途、金额、期限、利率等代为发放、监督使用并协助收回的贷款业务。

企业资金拆借是指在市场经济活动中，企业将自己暂时闲置的资金按照一定的价格让渡给其他企业使用的行为。

委托贷款和资金拆借取得的利息及利息性质的收入应按照贷款服务缴纳增值税。

1. 销项税额

委托贷款或资金拆借应以获取的利息或者利息性质部分的收入作为销售额并以此计算销项税额。

销项税额 = 含税销售额 ÷（1+6%）× 6%

2. 特殊规定

一般纳税人接受贷款服务，与此服务直接相关的投融资顾问费、手续费、咨询费等费用，其进项税额不得从销项税额中抵扣。因此，项目公司支付母公司的委托贷款利息及资金拆借成本均不得进行进项抵扣，从而母公司也不得针对此部分收入开具增值税专用发票。

此条例特指贷款服务直接相关的费用，应区别于企业日常交易活动相关的费用，后者进项可从销项税额中抵扣，例如理财服务顾问费或者银行手续费等取得的进项税额。

例 2-8 甲房地产开发企业 2016 年 6 月向银行支付 2016 年二季度贷款利息 1 000 万元（符合资本化条件），支付该笔贷款的融资顾问费 10 万元。同月向银行支付日常理财顾问费，价税合计 1.06 万元。

解析 甲房地产开发企业支付的贷款利息以及与利息直接相关的融资顾问费合计 1 010 万元均不得获取增值税专用发票，并从销项税额中抵扣，支付的 1 010 万元应全部计入开发成本。

甲房地产开发企业向银行支付的日常理财顾问费应向银行获取增值税专用发票，其进项税额 [1.06 ÷（1+6%）× 6%=0.06（万元）] 可从销项税额中抵扣。

2.2.6 转让土地使用权的销项税额计算操作指引

1. 适用范围

房地产企业转让土地使用权的行为应按照销售无形资产的相关规定执行。

2. 适用税率

转让土地使用权适用的税率为 11%。

3. 纳税地点

纳税人发生转让土地使用权的业务时，应于次月向机构所在地申报纳税。

4. 销项税额

纳税人应以取得的全部价款和价外费用作为含税销售额，其销项税额 =（价款 + 价外费用）÷（1+11%）× 11%。

2.2.7 视同销售的销项税额计算操作指引

1. 适用范围

房地产企业以不动产进行出资、抵债或者把不动产无偿赠送除公益事业或者以社会公众为对象以外的单位或个人的应视同销售，计算销售额。在实务操作中，抵账房、以房投资均属于此种情况。

2. 纳税义务发生时点

视同销售纳税义务发生时间为服务、无形资产转让完成的当天或者不动产权属变更的当天。

3. 销售额

发生视同销售行为而无销售额的，房地产企业应按照下列顺序确定销售额：

（1）按照纳税人最近时期销售同类服务、无形资产或者不动产的平均价格确定。

（2）按照其他纳税人最近时期销售同类服务、无形资产或者不动产的平均价格确定。

（3）按照组成计税价格确定。组成计税价格的公式为：组成计税价格 = 成本 ×（1+ 成本利润率），成本利润率由国家税务总局确定。

此办法同样适用纳税人发生应税行为价格明显偏低或者偏高且不具有合理商业目的的情况。因此在实操中，房地产企业采取降价、买房赠车位等促销手段，或者低价、高价出资等情况，需要特别注意销售额是否符合市场平均价格。

4. 视同销售的预征和销项税额

视同销售的预征和销项税额的计算参照具体增值税应税行为的指引。

2.2.8 免征增值税和不征增值税项目的纳税操作指引

房地产开发企业在日常运行中，也会涉及一些免征增值税的项目。本小节主要针对此部分内容展开介绍。

1. 统借统还业务

房地产集团企业中，符合统借统还条件的，统借方向资金使用单位收取的利息，**不高于**支付给金融机构借款利率水平或者支付的债券票面利率水平的，**免征增值税**；统借方向资金使用单位收取的利息，**高于**支付给金融机构借款利率水平或者支付的债券票面利率水平的，应**全额缴纳**增值税。

2. 存款利息

一般纳税人从银行或者金融机构获得的存款利息属于不征收增值税项目。

3. 被保险人获得的保险赔付

被保险人获得的保险赔付属于不征收增值税项目。

房地产企业在经营过程中取得的车辆保险赔偿、企业财产损失赔偿等保险赔付均无须计算缴纳增值税。

4. 住宅专项维修资金

房地产开发企业在销售过程中，代收的住宅专项维修资金无须计算缴纳增值税。

5. 资产重组过程中的不动产即土地使用权的转让行为

在资产重组过程中，通过合并、分立、出售、置换等方式，将全部或者部分实物资产以及与其相关联的债权、负债和劳动力一并转让给其他单位和个人，其中涉及的不动产、土地使用权转让行为，无须计算缴纳增值税。

2.2.9 销项税常见问题解析

本小节针对房地产企业在实际操作过程中碰到的一些特殊情况进行梳理，由于这些问题未出具明确政策，因此，本小节仅就这些实操中的常见问题进行探讨。

（1）许多房地产开发企业对外销售的是精装修房，非毛坯房。精装修房除了对房屋进行设计装修软装，有时也相应赠送了家电，如空调、电视等。

在核算销项税额时，是否应将销售房屋的价款、精装修款、赠送家电价款分别进行核算，按照不同税率计算销项税额？还是作为混合销售将精装修房的整体对外销售价格统一按照销售不动产进行增值税纳税申报？

答：笔者认为，对于房地产企业销售精装修房产，由于已在商品房买卖合同中表明出售的为精装修房，相应的装饰、装修、设备款等费用已包含在房屋销售的价格中，不属于无偿赠送，因此房屋的装修及家电等不应视同销售，同时销售精装修房产涉及的装修及家电价款归属于一项销售行为，应将取得的所有价款作为转让不动产进行增值税纳税申报。

（2）在实际操作中，许多房地产企业为促进销售、增加蓄客量会采取一些促销手段，如买房赠送车辆、车位，在这种情况下，增值税应如何申报计算？

答：笔者认为，买房赠送车辆应按照签订的房屋销售合同中标明的价款作为销售不动产的销售额，预缴或者直接申报缴纳增值税；小轿车应按照视同销售价格确认中的第二点"按照其他纳税人最近时期销售同类服务、无形资产或者不动产的平均价格确定"规定来确定销售额，按照销售货物（17%的税率）来计算申报缴纳增值税。

买房赠送车位行为则应区分以下情况：

1）一般情况下，房地产企业买房赠送车位会进行如下实务处理，按照销售房屋和销售车位拆分销售价格，并分别签订房屋和车位的销售合同。这种情况下，企业应按照合同约定价格分别预缴或者直接申报缴纳增值税。需要注意的是，要特别注意房屋和车位签订的销售合同中标明的销售价格是否符合市场价格，如果明显偏低市场价格，则按照市场价格进行增值税的预缴或者纳税申报。

2）如果房地产企业买房赠送车位，未对车位单独签订销售合同，或者签订销售合同，但合同金额明显低于市场价格的，房地产企业需"按照纳税人最近时期销售同类服务、无形资产或者不动产的平均价格确定"规定确认车位的销售价格，并缴纳增值税。

（3）根据《中华人民共和国人民防空法》和《关于平时使用人民防空工程收费的暂行规定》，城市新建民用建筑按照国家有关规定修建战时可用于防空的地下室，对应人防工程及其设备设施是国家的财产。因此，房地产开发商根据设计指标和规定修建的地下人防设施在验收通过之后，应交与人防办，所有权归属国家所有。

在实际操作中，房地产开发企业常与人防办签订回租协议，将地下人防进行画线，改造成商铺或者车位，以一次性趸交的方式将人防商铺 / 车位的使用权出售给消费者。这种形式下，是否缴纳增值税，应按什么科目缴纳？

答：笔者认为，人防工程出售的是一种使用权而不是所有权，房地产开发企业可按提供不动产租赁服务来缴纳增值税，销项税额对应的进项税额应是房地产开发企业交与人防办的回租租金，但如果人防办无法开具可抵扣的增值税抵扣凭证，由此产生的费用应直接计入成本，具体落实应看各地的具体落实政策。

（4）预售环节缴纳的意向金、订金、认筹金是否作为预缴增值税计税依据？

答：房地产开发企业应按照预收款预缴增值税。预收款是指房地产企业实际取得的售房款，应包括定金以及分期取得的预收款（首付 + 按揭 + 尾款）和全款。房地产企业收取的意向金、订金、认筹金不属于预收款范畴，无须预缴增值税。

（5）代收代付的契税、印花税、办证费等是否属于价外费用？

答：价外费用指价外收取的各种性质的收费，虽然契税、印花税等不符合《营业税改征增值税试点过渡政策的规定》第一条规定的第（十三）项“对行政单位之外的其他单位收取的符合《试点实施办法》第十条规定条件的政府性基金和行政事业性收费”的范畴，但企业代收此部分税费也是代收代付性质，由相关部门开具以购房者为主体的发票或行政事业性收费凭据。因此，房地产开发企业代收代付的契税、印花税、办证费等不应纳入本小节所述的销售额中。

2.3 进项税额抵扣操作指引

增值税与营业税的计税方法有根本性区别，增值税一般纳税人适用一般计税方法的，用当期销项税额扣减当期进项税额后的余额为当期应纳税额。从完整的增值税抵扣链条来看，销售方计算缴纳的销项税额即为购买方的进项税额，但针对单个企业而言，销项税额与进项税额核算要点存在很大区别：销项税额的核算重点在于准确核算销售收入和确定计税方法；进项税额的重点在于把握企业进项税额的抵扣范围。因此，本节将聚焦进项税额抵扣的热点问题，如：企业允许抵扣进项税额的范围？不允许抵扣的有关规定？房地产企业在抵扣进项税额的时候有哪些特殊规定？进项税额抵扣时有哪些需要注意的事项？通过对上述问题的解答，使房地产企业更为全面地把控进项税额抵扣的有关规定，具体阐述方式上与上一小节有所不同。

2.3.1 准予抵扣的进项税额

进项税额，是指纳税人购进货物、加工修理修配劳务、服务、无形资产或者不动产，支付或者负担的增值税额。但并非企业购进上述项目负担的进项税额都允许抵扣，企业判断进项税额能否抵扣，可以按照以下顺序进行判断（见图 2-1），如各项条件都符合规定，则在内容上满足了抵扣条件，此外应按照规定完成认证、勾选、申报等抵扣流程，企业才算完成了进项税额的抵扣。

图 2-1 企业判断进项税额能否抵扣的流程

1. 取得允许抵扣的扣税凭证

（1）增值税专用发票（含税控机动车销售统一发票）。企业从销售方取得的增值税专用发票上注明的增值税额允许抵扣。这是最为常见的增值税抵扣情形，表明我国的增值税实行凭发票注明税款抵扣的链条机制。增值税专用发票具体包括以下两种：

1）增值税专用发票。增值税专用发票是增值税一般纳税人销售货物、劳务、服务、无形资产或不动产开具的发票。

2）税控机动车销售统一发票。税控机动车销售统一发票是增值税一般纳税人从事机动车零售业务开具的发票。

增值税一般纳税人取得增值税专用发票（含税控机动车销售统一发票），2017年7月1日前（不含7月1日）开具的，应在开具之日起180日内进行认证，2017年7月1日及以后开具的，应在开具之日起360日内进行认证，并均于认证次月的申报期内申报抵扣进项税额。

需要注意的是，为贯彻落实《深化国税、地税征管体制改革方案》精神，进一步优化纳税服务，方便纳税人办税，根据《国家税务总局关于按照纳税信用等级对增值税发票使用实行分类管理有关事项的公告》(国家税务总局公告2016年第71号，以下简称“71号公告”)，2017年4月30日以前，纳税信用A、B、C级纳税人取得销售方使用增值税发票系统升级版开具的增值税专用发票（含税控机动车销售统一发票），可以不再进行扫描认证，通过增值税发票税控开票软件登录本省增值税发票查询平台，查询、选择用于申报抵扣或者出口退税的增值税发票信息。

（2）海关进口增值税专用缴款书。企业从海关取得的海关进口增值税专用缴款书上注明的增值税额允许抵扣。与增值税专用发票一样，海关进口增值税专用缴款书也是凭票抵扣制度的重要依据。海关征收进口环节增值税需要填写海关进口增值税专用缴款书，上面注明纳税人所缴纳的增值税，根据“征多少，扣多少”的机制原理，进口环节增值税应作为进项税额抵扣。

（3）农产品收购发票或者销售发票。购进农产品，除按照《农产品增值税进项税额核定扣除试点实施办法》（财税〔2012〕38号，以下简称“38号文”）抵扣进项税额的纳税人和取得增值税专用发票或者海关进口增值税专用缴款书的纳税人外，其他纳税人可按照农产品收购发票或者销售发票上注明的农产品买价和13%的扣除率计算进项税额。计算公式为：

进项税额 = 买价 × 扣除率

买价，是指纳税人购进农产品在农产品收购发票或者销售发票上注明的价款和按照规定缴纳的烟叶税。

近年来，各地税务机关按照国家税务总局相关工作要求，逐步推行农产品进项税额核定扣除办法，并不断扩大范围。农产品增值税进项税额核定扣除试点实施办法的实施，既维持了现行农业生产者销售自产农产品免征增值税政策不变，又消除了企业对所谓“高征低扣”的误解，改变了原来凭票定率扣除的种种弊端，有利于相关企业规范财务核算，促进了相关行业的健康发展。以北京为例，现北京已全面实施农产品核定扣除，故北京地区的纳税人不得依据取得的农产品收购发票或者销售发票进行抵扣，必须采用核定扣除的方式。

（4）中华人民共和国税收完税凭证。从境外单位或者个人购进服务、无形资产或者不动产，自税务机关或者扣缴义务人取得的解缴税款的完税凭证上注明的增值税额允许抵扣。“完税凭证”至少包括税收缴款书和税收完税证明两种票证。需要注意的是，只有应税行为的代扣代缴税款可以凭完税凭证抵扣，且需要具备书面合同、付款证明和境外单位的对账单或者发票，否则，进项税额不得从销项税额中抵扣。

2. 购买允许抵扣的应税项目

我国对于进项税额的抵扣进行范围的锁定：准予从销项税额中抵扣的进项税额的购进行为，包括购进货物、加工修理修配劳务、服务、无形资产或者不动产，从范围上包含了所有的增值税应税项目。

为了防止企业虚抵进项税额，对接受对象为个人以及抵扣链条不完整的项目，均列入不得抵扣范围，具体是指购进的旅客运输服务、贷款服务、餐饮服务、居民日常服务和娱乐服务，主要考虑这些服务项目难以准确地界定接受劳务的对象是企业还是个人，因此其对应的进项税额不得从销项税额中抵扣。

贷款服务进项税额不得抵扣，也就是利息支出进项税额不得抵扣的规定，主要是考虑如果允许抵扣借款利息，从根本上打通融资行为的增值税抵扣链条，按照增值税“道道征、道道扣”的原则，首先就应当对存款利息征税。但在现有条件下征收难度较大，一方面涉及对居民存款征税，无法解决专用发票开具问题；另一方面，也与当下实际存款利率为负的现状不符。因此，对应的利息支出进项税额不得抵扣。

3. 用于允许抵扣的进项用途

增值税遵循征扣税一致的原则，征多少扣多少，未征税或免税则不扣税。企业在取得的购进项目用于生产经营并且可直接或间接转化成企业的应税项目时，才允许抵扣。企业购进的办公用品，使用的水、电、燃气等项目，虽然不能直接转化成企业的应税项目，但若属于生产经营中的生产投入与支出，将间接转化成企业的应税项目，这部分应属于允许抵扣的范围。因此企业在进行进项税额的抵扣时，应该重点关注购进项目在进入企业后的具体用途。

为保证抵扣链条的完整性，36 号文对不允许抵扣的进项用途进行了明确：用于简易计税方法计税项目、免征增值税项目、集体福利或者个人消费的购进货物、加工修理修配劳务、服务、无形资产和不动产。其中涉及的固定资产、无形资产、不动产，仅指专用于上述项目的固定资产、无形资产（不包括其他权益性无形资产）、不动产。纳税人的交际应酬消费属于个人消费。

4. 未发生非正常损失

在满足前 3 项条件的前提下，企业若想进行抵扣，还应该判断购进项目是否发生了非正常损失。

非正常损失，是指因管理不善造成货物被盗、丢失、霉烂变质，以及因违反法律法规造成货物或者不动产被依法没收、销毁、拆除的情形。这些非正常损失是由纳税人自身原因导致征税对象实体的灭失，为保证税负公平，其损失不应由国家承担，因而纳税人无权要求抵扣进项税额。这里所指的在产品，是指仍处于生产过程中的产品，与产成品对应，包括正在各个生产工序加工的产品和已加工完毕但尚未检验或已检验但尚未办理入库手续的产品。产成品，是指已经完成全部生产过程并验收入库，可以按照合同规定的条件送交订货单位，或者可以作为商品对外销售的产品。

在满足上述4项要求的前提下，企业就具备了允许抵扣的内容要件，后续只要按照法定的抵扣期限和抵扣流程，就允许进行抵扣。

2.3.2 不得抵扣的进项税额

上一小节在介绍如何判断取得的进项税额能否抵扣时，已提及了不得抵扣的进项税额的一些情形，本节将对不得抵扣的进项税额进行详细阐述。根据抵扣凭证、购进项目、使用范围、项目状态等类别，将不得抵扣的进项税额分为以下14类：

（1）纳税人取得的增值税扣税凭证不符合法律、行政法规或者国家税务总局有关规定的，其进项税额不得从销项税额中抵扣。

纳税人凭完税凭证抵扣进项税额的，应当具备书面合同、付款证明和境外单位的对账单或者发票。资料不全的，其进项税额不得从销项税额中抵扣。

例2-9 A企业为增值税一般纳税人，2016年6月境外B企业向其提供咨询服务，A企业在主管税务机关为B企业代扣代缴增值税6 000元，但A企业不能够提供与该业务相关的境外单位的对账单或者发票。故该笔进项税额不得抵扣。

（2）用于简易计税方法计税项目的购进货物、加工修理修配劳务、服务、无形资产和不动产。

简易计税方法是指一般纳税人发生财政部和国家税务总局规定的特定应税行为，可以选择适用简易计税方法计税，适用简易计税方法计税的一般纳税人，其取得的用于简易计税方法计税项目的进项税额不得抵扣。例如，房地产开发企业一般纳税人销售自行开发的房地产老项目、一般纳税人为建筑工程老项目提供的建筑服务等。

例 2-10 某建筑企业为增值税一般纳税人，2016 年 6 月购买材料，取得增值税专用发票注明金额 100 000 元，进项税额 17 000 元，该批材料用于适用简易计税方法的老建筑项目，该笔进项税额不得抵扣，应直接计入成本。

（3）用于免征增值税项目的购进货物、加工修理修配劳务、服务、无形资产和不动产。

免征增值税是指财政部及国家税务总局规定的免征增值税的项目。例如，养老机构提供的养老服务、婚姻介绍服务、从事学历教育的学校提供的教育服务、农业生产者销售的自产农产品等。

（4）用于集体福利的购进货物、加工修理修配劳务、服务、无形资产和不动产。

集体福利是指纳税人为内部职工提供的各种内设福利部门所发生的设备、设施等费用，包括职工食堂、职工浴室、理发室、医务所、托儿所、疗养院等集体福利部门的设备、设施及维修保养费用。购进的用于集体福利的货物及其他应税行为，并非用于企业的生产经营，也就无权要求抵扣税款，而应负担相应的税金。

（5）用于个人消费的购进货物、加工修理修配劳务、服务、无形资产和不动产。

个人消费是指纳税人内部职工个人消费的货物、劳务及服务等所发生的费用。例如，交际应酬消费、职工个人的车辆加油费等。纳税人的交际应酬消费属于个人消费。交际应酬消费不属于生产经营中的生产投入和支出，是一种生活性消费活动，而增值税是对消费行为征税的，消费者即是负税者。因此，交际应酬消费需要负担对应的进项税额。同时，交际应酬消费和个人消费难以准确划分，征管中难以掌握界限，如果对交际应酬消费和个人消费分别适用不同的税收政策，容易诱发偷避税行为。因此，为了简化操作，公平税负，对交际应酬消费所用的货物、加工修理修配劳务、无形资产和不动产不得抵扣进项税额。

上述（2）～（5）情形其中涉及的固定资产、无形资产、不动产，仅指专用于上述项目的固定资产、无形资产（不包括其他权益性无形资产）、不动产。若纳税人取得的进项税额同时用于正常缴纳增值税项目和简易计税方法计税项目、免征增值税项目、集体福利或者个人消费的，则进项税额可以抵扣。

（6）非正常损失的购进货物，以及相关的加工修理修配劳务和交通运输服务。

非正常损失的购进货物，是指因管理不善造成货物被盗、丢失、霉烂变质，以及因违反法律法规造成货物被依法没收、销毁、拆除的。该货物及相关的加工修理修配劳务和交通运输服务所对应的进项税额不得抵扣。

例 2-11 某企业为增值税一般纳税人，2016 年 6 月因管理不善霉烂变质材料一批，该批材料购买时，取得增值税专用发票注明金额 100 000 元，进项税额 17 000 元，该笔进项税额已抵扣。假设无相关责任人赔偿，对于非正常损失的购进货物，其取得的进项税额不得抵扣，故该笔进项税额应做进项税额转出处理。

（7）非正常损失的在产品、产成品所耗用的购进货物（不包括固定资产）、加工修理修配劳务和交通运输服务。

非正常损失的在产品、产成品所耗用的购进货物、加工修理修配劳务和交通运输服务，是指因管理不善造成在产品、产成品被盗、丢失、霉烂变质，以及因违反法律法规造成在产品、产成品被依法没收、销毁、拆除的。

该在产品、产成品所耗用的购进货物、加工修理修配劳务和交通运输服务所对应的进项税额不得抵扣。

（8）非正常损失的不动产，以及该不动产所耗用的购进货物、设计服务和建筑服务。

非正常损失的不动产是指因管理不善造成不动产被盗、丢失、霉烂变质，以及因违反法律法规造成不动产被依法没收、销毁、拆除的。该不动产以及该不动产所耗用的购进货物、设计服务和建筑服务所对应的进项税额不得抵扣。

上述所称货物，是指构成不动产实体的材料和设备，包括建筑装饰材料和给水排水、采暖、卫生、通风、照明、通信、煤气、消防、中央空调、电梯、电气、智能化楼宇设备及配套设施。

（9）非正常损失的不动产在建工程所耗用的购进货物、设计服务和建筑服务。

纳税人新建、改建、扩建、修缮、装饰不动产，均属于不动产在建工程。非正常损失的不动产在建工程所耗用的购进货物、设计服务和建筑服务是指因管理不善造成不动产在建工程被盗、丢失、霉烂变质，以及因违反法律法规造成不动产在建工程被依法没收、销毁、拆除的。该不动产在建工程所耗用的购进货物、设计服务和建筑服务所对应的进项税额不得抵扣。所称货物，是指构成不动产实体的材料和设备，包括建筑装饰材料和给水排水、采暖、卫生、通风、照明、通信、煤气、消防、中央空调、电梯、电气、智能化楼宇设备及配套设施。

（10）购进的旅客运输服务。

旅客运输服务是指客运服务，包括通过陆路运输、水路运输、航空运输为旅客个人提供的客运服务。纳税人取得的旅客运输服务的进项税额不得抵扣。

例 2-12 某企业为增值税一般纳税人，2016 年 6 月，职工报销差旅费，其中报销交通费用（飞机票）11 100元，该企业不得索取增值税专用发票，应将所发生的飞机票款全款计入成本/费用，不得自行计算增值税额进行抵扣。

（11）购进的贷款服务。

贷款服务是指将资金贷与他人使用而取得利息收入的业务活动。例如，银行提供的贷款服务、金融商品持有期间利息收入、信用卡透支利息收入、买入返售金融商品利息收入、融资融券收取的利息收入，以及融资性售后回租、押汇、罚息、票据贴现、转贷等业务取得的利息及利息性质的收入。纳税人取得的贷款服务的进项税额不得抵扣。

（12）购进的餐饮服务。

餐饮服务是指通过同时提供饮食和饮食场所的方式为消费者提供饮食消费服务的业务活动，纳税人取得的餐饮服务的进项税额不得抵扣。

（13）购进的居民日常服务。

居民日常服务是指主要为满足居民个人及其家庭日常生活需求提供的服务，包括市容市政管理、家政、婚庆、养老、殡葬、照料和护理、救助救济、美容美发、按摩、桑拿、氧吧、足疗、沐浴、洗染、摄影扩印等服务。纳税人取得的居民日常服务的进项税额不得抵扣。

（14）购进的娱乐服务。

娱乐服务是指为娱乐活动同时提供场所和服务的业务。具体包括：歌厅、舞厅、夜总会、酒吧、台球、高尔夫球、保龄球、游艺（包括射击、狩猎、跑马、游戏机、蹦极、卡丁车、热气球、动力伞、射箭、飞镖）。纳税人取得的娱乐服务的进项税额不得抵扣。

2.3.3 应转出的进项税额

《中华人民共和国增值税暂行条例》第十条规定，当纳税人购进的货物或接受的应税劳务不是用于增值税应税项目，而是用于简易计税项目、免税项目或用于集体福利、个人消费等情况时，其支付的进项税就不能从销项税额中抵扣。

实际工作中，经常存在纳税人当期购进的项目先期尚未确定具体用途，但其进项税额已在当期进行抵扣的情况。在已抵扣进项税额的购进项目用于简易计税项目、免税项目、集体福利或个人消费时，应进行进项税额转出。此外，在购进货物、在产品、产成品发生非正常损失时，也应将购进项目的进项税税额从当期发生的进项税额中转出。

在进项税额转出方面，转出额的计算是重点和难点，具体计算方法如下：

（1）若原外购项目全部成本按增值税专用发票全额抵扣了进项税额，则按照需要转出进项税额的外购货物账面成本 × 外购货物适用增值税税率计算转出。

（2）若原外购项目全部成本按支付价款乘以抵扣率抵扣了进项税额，则按照需要转出进项税额的外购货物的账面成本 ÷（1- 抵扣率）× 抵扣率计算转出。

（3）若原外购项目是根据多种凭证抵扣的进项税额，为了最大限度地体现公平，可按照需要转出进项税额的外购货物的账面成本 × 综合抵扣率计算结转进项税额转出。其中，

综合抵扣率 = 本期外购货物全部进项税额 ÷ 本期外购货物全部成本 ×100%

（4）在产品、产成品发生非正常损失，可按以下办法计算结转进项税额转出。

结转进项税额 = 非正常损失的在产品或产成品成本 ×（本期在产品、产成品当中外购货物成本 ÷ 本期在产品、产成品全部成本）× 外购货物或应税劳务综合抵扣率

（5）无法区分不得抵扣进项税额的处理。针对房地产企业而言，一般纳税人销售自行开发的房地产项目，兼有一般计税方法计税、简易计税方法计

税、免征增值税的房地产项目而无法划分不得抵扣的进项税额的，应以建筑工程施工许可证注明的“建设规模”为依据进行划分。

在实际操作时，应该按照以下顺序确认兼用项目可抵扣金额：

1）如果能够完全归属于简易计税、免税或一般计税方法，应直接按实际使用项目确定能否抵扣。

2）如果购进项目属于简易、免税或一般计税共同所有，但可以合理划分，可以按照产值或者工程量清单等合理方式确定。

3）如果属于简易、免税或一般计税共同所有，且无合理方式区分，可按照以下公式确定。

不得抵扣的进项税额 = 当期无法划分的全部进项税额 ×（简易计税、免税房地产项目建设规模 ÷ 房地产项目总建设规模）

例 2-13 甲房地产开发企业为一般纳税人，兼有一般计税方法计税、简易计税方法计税项。2016 年 10 月共计取得增值税专用发票上注明进项税额 120 万元（全部完成认证），其中固定资产、无形资产、不动产涉及进项税额共计 20 万元，其他项目共计 100 万元，全部完成发票认证手续。上述进项税额全部无法划分。该公司现阶段总建设规模为 240 000m^2，其中简易计税和一般计税分别为 100 000m^2 和 140 000m^2。

解析 ① 兼用于一般计税方法计税、简易计税方法计税、免征增值税的固定资产、无形资产、不动产可以全额抵扣。因此仅其他项目 100 万元需要进行计算划分。② 不得抵扣的进项税额 =100×（100 000 ÷ 240 000）=41.67（万元）。

（7）因购买货物而从销售方取得的各种形式的返还资金，可按以下办法计算应冲减的进项税额。

当期应冲减的进项税额 = 当期取得的返还资金 × 所购货物适用增值税税率

2.3.4 进项税额常见问题解析

1. 土地成本进项税额扣除问题

根据 36 号文规定，选择适用一般计税方法的房地产开发企业，以取得的全部价款和价外费用，扣除受让土地时向政府部门支付的土地价款后的余额为销售额。扣除凭证为省级以上（含省级）财政部门监（印）制的财政票据。上述规定明确了房地产企业在计算计税销售额时允许扣除的内容，基于此项规定，企业基于土地成本进项税额抵扣提出了以下几类问题。

（1）企业从二级市场取得土地时，取得增值税专用发票，是否可以抵扣？

解析：可以抵扣。根据 36 号文规定，将土地使用权列为增值税应税范围，同时现有文件未将土地使用权列入不得开具增值税专用发票及不得抵扣增值税专用发票的范围。据此，可以推断企业转让土地使用权可以开具增值税专用发票，受让方取得增值税专用发票也应允许抵扣，这也符合增值税“道道征、道道扣”的原则。

（2）房地产开发企业销售权属登记在自己名下的不动产，是否可以扣除土地成本？

解析：笔者认为，应区分销售自行开发的房地产项目和转让取得的不动产来说明。

房地产开发企业销售自行开发的房地产项目，在工程竣工后，需要先将权属登记在自己名下，即办理大产权，再为客户办理分户产权。这种情况属于 18 号公告规定的范畴，可以抵扣土地成本。

房地产开发企业转让取得的不动产，如将直接购买、接受捐赠、接受投资入股、自建以及抵债等各种形式取得不动产对外转让，应视作销售“二手房”，适用 14 号公告，不得抵扣土地成本。

（3）房地产开发企业中选用一般计税方式的一般纳税人，销售其开发的房地产项目单独作价销售的配套设施，是否可以扣除土地成本？

解析：可以扣除。房地产开发企业中的一般纳税人，销售其开发的房地产项目（选择适用简易计税方式的除外），单独作价销售的配套设施，如幼儿园、会所等项目，其销售额可以扣除该配套设施所对应的土地价款，前提条件是配套设施是可售的，在预售范围内，可办理产权。

2. 不动产分期抵扣问题

根据36号文规定，适用一般计税方法的试点纳税人，2016年5月1日后取得并在会计制度上按固定资产核算的不动产或者2016年5月1日后取得的不动产在建工程，其进项税额应自取得之日起分2年从销项税额中抵扣，第一年抵扣比例为60%，第二年抵扣比例为40%。基于上述规定，房地产纳税人对取得不动产相关的进项税额抵扣提出了以下问题：

（1）房地产开发企业取得不动产是否适用分期抵扣政策？

解析：房地产开发企业根据取得方式进行判断：房地产开发企业以直接购买、接受捐赠、接受投资入股以及抵债等形式取得不动产应该按照此办法施行，房地产开发企业自行开发的房地产项目不属于此办法的适用范围，即房地产企业自行开发房地产项目所发生的进项税额，不需要按照分期抵扣的原则进行确定。

（2）房地产企业同时开发建设住宅和写字楼，住宅出售，写字楼持有经营，企业在开发过程中发生的费用（取得合法抵扣凭证）可以按规定扣除吗？

解析：可以抵扣。增值税是一个完整的抵扣链条，开发企业建造住宅销售及建造写字楼对外出租的行为都属于增值税的应税范围，既然销售行为都属于应税范围，则其发生的费用只有满足本节初始描述的4个条件：①凭证符合规定；②购进项目属于抵扣范围；③购进项目用于抵扣范围；④未发生非正常损失，即可按规定进行扣除。

（3）房地产企业开发建设的住宅或写字楼，改为自用，企业在开发过程中发生的费用（取得合法抵扣凭证）可以按规定扣除吗？

解析：需要根据住宅的使用范围进行判断。若开发建设的住宅或写字楼专用于简易计税方法计税项目、免征增值税项目、集体福利或者个人消费，则不允许抵扣。举例来说，开发建设的住宅若作为员工宿舍，则属于用于集体福利，不得抵扣建设过程中发生的进项税额；若建设的写字楼用于企业办公，则属于用于生产经营的范畴，允许抵扣建设过程中发生的进项税额。

（4）房地产企业开发建设的住宅，前期用于员工宿舍，后期转为持有经营，是否在改变用途的时候抵扣进项税额？

解析：可以抵扣，但应按规定计算可抵扣的金额。规定不得抵扣且未抵扣进项税额的固定资产、无形资产、不动产，发生用途改变，用于允许抵扣进项税额的应税项目，可在用途改变的次月按照下列公式计算可以抵扣的进项税额：

可以抵扣的进项税额 = 固定资产、无形资产、不动产净值 ÷（1+ 适用税率）× 适用税率

上述可以抵扣的进项税额应取得合法有效的增值税扣税凭证。

3. 企业经营用途或者计税办法发生改变，前期用于非应税项目的购进货物（不包括固定资产、无形资产、不动产）、劳务、服务用于应税项目，如何操作

解析：不得再进行抵扣。文件中仅规定前期用于非应税项目的固定资产、无形资产、不动产发生用途改变时，可以按照有关规定进行抵扣，其他购进项目发生上述情形，不得进行抵扣。因此企业在购入上述项目时，若无法明确用于应税或者非应税项目，建议在规避税收风险的基础上进行抵扣，待确定用于非应税项目时进行转出。

4. 房地产企业发生与融资贷款有关的咨询费是否可以抵扣

解析：不可以抵扣。根据《营业税改征增值税试点实施办法》，增值税一般纳税人接受贷款服务进项税额不得从销项税额中扣除，同时接受贷款服

务向贷款方支付的与该笔贷款直接相关的投融资顾问费、手续费、咨询费等费用，其进项税额也不得从销项税额中抵扣。

5. 房地产企业用于简易计税方法计税项目、免征增值税项目、集体福利或者个人消费的固定资产、无形资产、不动产是否可以抵扣进项税额

解析：固定资产、无形资产、不动产专用于上述情形的，不可以抵扣进项税额；兼用于上述情形的可以全额抵扣。

6. 住宿费的抵扣问题

（1）员工因公出差取得住宿费增值税专用发票，是否可以按规定抵扣进项？

解析：可以抵扣。企业发生的员工住宿费，在满足抵扣凭证合法、住宿费的发生与企业生产经营有直接关系两项条件时允许抵扣。

（2）企业在酒店举办会议、培训期间，取得的住宿费、餐饮费增值税专用发票，是否可以抵扣进项税额？

解析：一般纳税人取得住宿费专用发票，可以按规定进行抵扣。企业购进餐饮服务，进项税额不得从销项税额中抵扣。

（3）企业在自己经营地或注册地发生的住宿费取得增值税专用发票，是否可以按规定抵扣进项税额？

解析：企业应根据具体情况进行判断。现阶段并未禁止企业抵扣其在经营地或注册地发生的住宿费进项税额。因此，在判断企业发生的住宿费能否抵扣，关键是看住宿费的最终“用途”，而不是看发生地。例如，某会计事务所为一般纳税人，经营地在北京西城区，后其审计业务发生在北京怀柔区，审计过程中发生在怀柔区的住宿费也可按照相关规定抵扣进项税额。

7. 一般纳税人取得的道路、桥、闸通行费如何抵扣进项税

解析：根据《财政部　国家税务总局关于进一步明确全面推开营改增试点有关劳务派遣服务、收费公路通行费抵扣等政策的通知》(财税〔2016〕47号，以下简称“47号文”）和《财政部 国家税务总局关于收费公路通行费增值税抵扣有关问题的通知》（财税〔2016〕86号，以下简称“86号文”）规定：一般纳税人支付的道路、桥、闸通行费，暂凭取得的通行费发票（不含财政票据，下同）上注明的收费金额按照下列公式计算可抵扣的进项税额：

高速公路通行费可抵扣进项税额＝高速公路通行费发票上注明的金额÷（1+3%）×3%

一级公路、二级公路、桥、闸通行费可抵扣进项税额＝一级公路、二级公路、桥、闸通行费发票上注明的金额÷（1+5%）×5%

通行费，是指有关单位依法或者依规设立并收取的过路、过桥和过闸费用。

8. 售楼处和样板间发生的进项税额能否抵扣

解析：售楼处、样板间属于在施工现场修建的临时建筑物、构筑物，其进项税额可一次性抵扣。如果最终需要拆除，表明售楼部、样板间已经使用完毕，不需要做转出。

9. 对于房地产开发企业按照政府要求在项目中配建并交还政府的学校、幼儿园等项目发生的进项税额，是否能予抵扣

解析：可以抵扣。一般情况下，房地产企业在开发项目时，还会在小区配套建设学校、幼儿园、诊所等，这些配套大多都会移交给政府进行管理。上述项目虽然不单独作价出售给业主，但在一定程度上影响了业主的购买行为，应包含在业主支付的房款当中，据此，在项目中配建并交还政府的学校、幼儿园等项目发生的进项税额可以抵扣。

2.4 增值税对房地产行业其他税种的影响概述

《财政部　国家税务总局关于营改增后契税、房产税、土地增值税、个人所得税计税依据问题的通知》（财税〔2016〕43号，以下简称“43号文”）规定，营业税改征增值税后契税、房产税、土地增值税、个人所得税计税基础均为不含增值税的收入。此外，企业应纳的营业税一般都计入营业税金及附加科目内，直接影响企业损益，而企业增值税为价外税，不计入当期损益，受此影响，企业所得税的计税基础也会发生变化。

房地产企业涉及的主要税种有增值税、城市维护建设税、教育费附加、地方教育费附加、印花税、土地增值税、所得税、房产税等10个税种，详见“表2-1”。其中，城镇土地使用税的计税基础为土地面积，并未受到营改增的直接影响。本小节将对剩余主要税种进行归纳总结，结合案例，将营改增对这部分税种的影响进行解析阐述。

表2-1 房地产企业生产经营各环节涉及税种情况表

序号	环节	涉及税种
1	获取土地使用权阶段	印花税、契税
2	房地产开发建设阶段	印花税、城镇土地使用税、增值税
3	房地产预售阶段	增值税、城市维护建设税、教育费附加、地方教育费附加、印花税、企业所得税、房产税
4	房屋交付阶段	土地增值税、企业所得税

2.4.1 增值税对城市维护建设税及两附加税费的影响

城市维护建设税、教育费附加、地方教育费附加是对从事工商经营，缴纳消费税、增值税、营业税的单位和个人征收的税和附加费。营改增后，其计税依据里营业税的部分全部被增值税替代。由于增值税是价外税，因此营改增后计税基础发生变化，详见表2-2。

表2-2 增值税对城市维护建设税及两附加税费的影响

税种	营改增前计税基础	营改增后计税基础
城市维护建设税	实纳营业税税额 × 适用税率	实纳增值税税额 × 适用税率
教育费附加	实纳营业税税额 × 适用税率	实纳增值税税额 × 适用税率
地方教育费附加	实纳营业税税额 × 适用税率	实纳增值税税额 × 适用税率

例2-14 甲房地产开发企业与A客户签订购房合同，当月收取A客户一期房屋款项300万元，当期购进生产用设备，总金额150万元，涉及进项税额17万元，取得增值税专用发票完成抵扣手续。(假设企业未发生其他业务，城市维护建设税税率7%、教育费附加3%、地方教育费附加2%)

解析

（1）假定业务发生在营改增前：

应纳营业税 =300×5%=15（万元）

应纳城市维护建设税和两附加费 =15×（7%+3%+2%）=1.8（万元）

（2）假定业务发生在营改增后，适用简易计税方法：

应纳增值税 =300÷（1+5%）×5%=14.29（万元）

应纳城市维护建设税和两附加费 =14.29×（7%+3%+2%）=1.71（万元）

（3）假定业务发生在营改增后，适用一般计税方法：

应纳增值税 =300÷（1+11%）×11%−17=12.73（万元）

应纳城市维护建设税和两附加费 =12.73×（7%+3%+2%）=1.53（万元）

2.4.2 增值税对印花税的影响

印花税是以经济活动和经济交往中，书立、领受应税凭证的行为为征税对象征收的一种税。房地产企业在经营过程中，涉及印花税应税行为主要包括签订建设工程勘察设计合同、建筑安装工程承包合同、土地使用权出让合同、土地使用权转让合同、商品房销售合同等。营改增后，对契税、房产税、土地增值税、个人所得税的计税依据均不含增值税予以明确。但唯独没有对计征印花税的计税依据是否含有增值税进行明确，那么印花税计税依据到底是否包含增值税？国家税务总局 2016 年 4 月 25 日视频会议有关政策口径解读明确：按照印花税条例规定，依据合同所载金额确定计税依据。合同中所载金额和增值税分开注明的，按不含增值税的合同金额确定计税依据，未分开注明的，以合同所载金额为计税依据，如表 2-3 所示。

表 2-3 增值税对印花税的影响

税种	营改增前计税基础	营改增后计税基础
印花税	合同所载金额	价税分开注明：按不含增值税金额；价税未分离：按合同所载金额

例 2-15 甲房地产企业 2016 年 11 月销售房屋 1 套，产权转移书据上

注明的交易金额合计为 1 110 万元，价格为 1 000 万元，增值税 110 万元，产权转移书据印花税税率 0.5‰。

解析 营改增前，由于营业税是价内税，因此企业根据合同载明价格 1 110 万元计算缴纳印花税，应纳印花税 =1 110×0.5‰ =0.555（万元）；营改增后，企业的产权转移书据中价税分离，故可仅按价格部分 1 000 万元计算缴纳印花税，应纳印花税 =1 000×0.5‰ =0.5（万元）。

综上所述，房地产企业发生按交易额计税的应税行为时，若将价格与税款金额分开标注，可仅按价格部分计算缴纳印花税。

2.4.3 增值税对契税的影响

契税是以在中华人民共和国境内转移土地、房屋权属为征税对象，向产权承受人征收的一种财产税。房地产企业发生的契税应税行为即取得土地使用权。国有土地使用权出让、土地使用权出售、房屋买卖，契税的计税依据为成交价格。按照 43 号文规定，营改增前，计征契税的成交价格含营业税；营改增后，计征契税的成交价格不含增值税，如表 2-4 所示。

表 2-4 增值税对契税的影响

税种	营改增前计税基础	营改增后计税基础
契税	一般以成交价格为计税依据，计征契税的成交价格包含营业税	一般以成交价格为计税依据，计征契税的成交价格不含增值税

例 2-16 甲房地产企业以转让方式购买一宗 40 万 m^2 的土地使用权用于建造商品房，支付乙企业土地价款 5 550 万元，契税税率为 3%。

解析 房地产企业取得土地使用权的方式包括出让、划拨、转让，出让、划拨土地使用权都不是增值税及营业税应税行为，因此房地产企业仅在取得以转让方式购入的土地使用权时，契税的计税基础才会发生变化。营改增前，企业根据土地价款 5 550 万元计算缴纳契税，应纳契税 = 5 550×3%=166.5（万元）；改征增值税后，企业契税可仅按价格部分 5 000

万元计算缴纳契税，应纳契税 =5 000×3%=150（万元）。

综上所述，房地产企业仅取得以转让方式购入的土地使用权时，契税的计税基础才会发生变化：同样的土地购入价格下，营改增后缴纳契税金额降低。

2.4.4 增值税对房产税的影响

房产税是以房屋为征税对象，按照房屋的计税余值或租金收入，向产权所有人征收的一种财产税。房地产开发企业建造的商品房，在出售前不征收房产税；但对出售前房地产开发企业已使用或出租、出借的商品房应按规定征收房产税。按照 43 号文规定，营改增后，计征房产税的成交价格不含增值税，如表 2-5 所示。

表 2-5 增值税对房产税的影响

税种	营改增前计税基础	营改增后计税基础
房产税（出租）	以租金为计税依据，计征房产税的成交价格包含营业税	以租金为计税依据，计征房产税的成交价格不含增值税
房产税（购入的房产自用 / 出借）	以房产原值为计税依据，房产原值包含营业税	以房产原值为计税依据： ① 购入 2016 年 5 月 1 日以后取得的房产并采取一般计税方式，房产原值不包含增值税； ② 其他情况，房产原值包含增值税
房产税（房地产自建的产品暂时自用 / 出借）	以房产原值为计税依据，房产原值包含营业税	以房产原值为计税依据： ① 自建产品对外出售适用一般计税方式，房产原值不含增值税； ② 自建产品对外出售适用简易计税方式，房产原值含增值税

例 2–17 甲房地产企业为一般纳税人，企业将其持有的写字楼出租，约定每年的租金 550 万元，房产税从租计征税率为 1.2%。

解析 营改增前，企业根据租金 550 万元计算缴纳房产税，全年应纳房产税 =550×1.2%=6.6（万元）；营改增后，企业房产税不含增值税，仅按价格部分 500 万元计算缴纳房产税，全年应纳房产税 =500×1.2%=6（万元）。房地产企业将持有房屋出租，应以租金作为增值税及房产税的计税基础，此种情况下，企业房产税计税基础较营改增前将发生改变；持有自用房产的房产计税基础为房产的原值，受营改增过程中计税基础与计算方式发生重大改变的影响，房地产企业在建造或者购入房产过程中确认的房产价值将发生较大变化，若房地产企业为增值税一般纳税人且适用一般计税方法的，房产原值应为不含增值税的建造成本，适用简易计税方法的，房产原值应为含税建造成本。

2.4.5 增值税对土地增值税的影响

土地增值税的纳税义务人是转让国有土地使用权、地上建筑物及其附着物并取得收入的单位和个人。房地产企业为土地增值税最主要的纳税人。土地增值税按照纳税人转让房地产所取得的增值额和规定的税率计算征收。纳税人转让房地产所取得的收入减除规定扣除项目金额后的余额，为增值额。

针对应税收入，2016 年 11 月，国家税务总局出台《国家税务总局关于营改增后土地增值税若干征管规定的公告》（国家税务总局公告 2016 年第 70 号，以下简称 70 号公告）。其中，对土地增值税应税收入做出如下规定“营改增后，纳税人转让房地产的土地增值税应税收入不含增值税。适用增值税一般计税方法的纳税人，其转让房地产的土地增值税应税收入不含增值税销项税额；适用简易计税方法的纳税人，其转让房地产的土地增值税应税收入不含增值税应纳税额。”

针对抵扣成本，43 号文对土地增值税抵扣成本的规定为：《中华人民共和国土地增值税暂行条例》（以下简称《土地增值税暂行条例》）等规定的土地增值税扣除项目涉及的增值税进项税额，允许在销项税额中计算抵扣的，不计入扣除项目，不允许在销项税额中计算抵扣的，可以计入扣除项目。70 号公告对土地增值税抵扣成本的发票做出了明确要求，即“在发票的备注栏注明建筑服务发生地县（市、区）名称及项目名称，否则不得计入土地增值税扣除项目金额”。针对扣除项目中“与转让房地产有关的税金”，70 号公告明确“营改增后，可抵扣的税金不包括增值税，且房地产开发企业实际缴纳的城市维护建设税、教育费附加，凡能够按清算项目准确计算的，允许据实扣除。凡不能按清算项目准确计算的，则按该清算项目预缴增值税时实际缴纳的城市维护建设税、教育费附加扣除”。

针对土地增值税的预缴，70 号公告明确“土地增值税预征的计征依据 = 预收款—应预缴增值税税款”。

具体影响如表 2-6 所示。

表 2-6　增值税对土地增值税的影响

税种	营改增前计税基础	营改增后计税基础
土地增值税的应税收入	纳税人转让房地产取得的收入包含营业税	纳税人转让房地产所取得的收入，不含增值税
土地增值税的抵扣项目	可抵扣的成本包括营业税 可扣除的税金包括营业税，并且以其为基础的城市维护建设税及教育费附加均可据实扣除	可抵扣的成本应区分两种情况，采用一般计税方法的，可抵扣成本不包含增值税；采用简易计税方法的，可抵扣成本包含增值税 可扣除的税金不包括增值税，针对城市维护建设税及教育费附加，若企业能按清算项目准确核算，可据实扣除
土地增值税的预缴	以预收款作为土地增值税预缴的基础	以不含增值税的预收款作为土地增值税预缴的基础

按照这一规定，如果营改增前土地增值税纳税人转让房地产收入为 R，扣除项目合计为 r，且该纳税人具有增值税一般纳税人身份，在取得相同含税收入的情况下，营改增后转让房地产的增值税销项税额 =（$R-$ 土地出让金）÷（1+11%），含税收入与销项税额之差为转让房地产的不含税收入，这是影响营改增后土地增值率的第一个因素。

影响土地增值率的第二个因素是：如果扣除项目涉及的增值税进项税额要从销项税额中抵扣，同样以不含税金额计入扣除项目：其中，假设 r_1、r_2、r_3 分别为购入建筑材料、购入建筑服务、运输服务和购入其他有关服务的扣除项目，则营改增后 3 项扣除项目分别为 r_1/（1+17%）、r_2/（1+11%）、r_3/（1+6%），可见扣除项目金额同样减少。

影响土地增值率的第三个因素是：营业税作为营业税金及附加，属于

《土地增值税暂行条例》第六条规定的，可以列入扣除项目的“与转让房地产有关的税金”，但是营改增后缴纳的增值税不能作为“与转让房地产有关的税金”扣除，这将减少扣除项目，从而影响土地增值率。

例 2-18 甲房地产企业销售自己开发的房地产项目，假设转让取得含税收入为 15 000 万元；扣除项目中，土地出让金 3 000 万元；开发成本中建筑材料 3 000 万元（17%），外包建筑劳务 1 000 万元（11%）；房地产开发费用中的利息支出为 1 200 万元（不能按转让房地产项目计算分摊利息支出，也不能提供金融机构证明），房地产开发费用的计算扣除比例为 10%。（忽略契税与印花税）

解析

营改增前：

企业应纳营业税 =1 5000 × 5%=750（万元）。各项扣除项目的金额为：

① 土地出让金 =3 000 万元

② 开发成本 =3 000+1 000=4 000（万元）

③ 开发费用 =（土地出让金 + 开发成本）× 10%=（3 000+4 000）× 10%=700（万元）

④ 与转让房地产有关的税金 = 营业税 + 城市维护建设税 + 教育费附加 + 地方教育费附加 =750 ×（1+7%+3%+2%）=840（万元）

⑤ 加计扣除 =（土地出让金 + 开发成本）× 20%=（3 000+4 000）× 20%=1 400（万元）

以上 5 项扣除金额合计为 9 940 万元，则

土地增值率 =（15 000−9 940）÷ 9 940 × 100%=51%

适用税率为 40%，速算扣除系数为 5%。

应纳土地增值税 =（15 000−9 940）× 40%−9 940 × 5%=1 527（万元）

企业应纳营业税 =15 000 × 5%=750（万元）

企业营业税和土地增值税合计应纳税额为 2 277 万元。

营改增后：

假设甲房地产开发企业所有成本均取得按照适用税率计税的增值税专用发票，

房地产不含税转让收入 =15 000÷（1+11%）=13 514（万元），应纳增值税 =（15 000−3 000）÷（1+11%）×11%−3 000÷（1+17%）×17%−1 000÷（1+11%）×11%=654（万元）

各项扣除项目的金额为：

① 土地出让金 =3 000 万元

② 开发成本 =3 000÷（1+17%）+1 000÷（1+11%）=3 465（万元）

③ 开发费用 =（土地出让金 + 开发成本）×10%=（3 000+3 465）×10%=646.5（万元）

④ 与转让房地产有关的税金 = 城市维护建设税 + 教育费附加 + 地方教育费附加 =654×（7%+3%+2%）=78.5（万元）

⑤ 加计扣除 =（土地出让金 + 开发成本）×20%=（3 000+3 465）×20%=1 293（万元）

以上 5 项扣除金额合计为 8 483 万元，则

土地增值率 =（13 514−8 483）÷8 483×100%=59%

适用税率为 40%，速算扣除系数为 5%

应纳土地增值税 =（13 514−8 483）×40%−8 483×5%=1 588（万元）

企业应纳增值税为 654 万元，企业增值税和土地增值税合计应纳税额为 2 242 万元。

营改增后，房地产企业受可扣除土地价款及抵扣其他土地开发支出进项税额影响，增值税税负较营业税税负水平普遍下降。与此同时，企业入账的成本不含可抵扣的进项税额，受此影响，企业可扣除的费用限额和加计扣除金额下降，土地增值率和土地增值额可能会有所上升，导致土地增值税纳税

负担增加。

2.4.6 增值税对企业所得税的影响

企业所得税是对我国境内的企业和其他取得收入的组织的生产经营所得和其他所得征收的税种。

企业应纳税所得额 = 收入总额 − 不征税收入 − 免税收入 − 各项扣除 − 以前年度亏损

对营改增的机理进行分析，不难发现影响企业所得税应纳税所得额主要包括收入总额和各项扣除两个指标的确认。

1. 收入总额的变化

在营改增前，企业按照含税价格确认收入。而在营改增后，企业需要按照不含税价格确认收入，因此企业在确认收入时，营改增前后会有变化。

例 2-19 甲房地产企业取得收入 1 000 万元，营业税税率 5%，在营改增前，该项业务企业应确认收入 1 000 万元，营业税金及附加 50 万元。而在营改增后，该房地产企业被认定为一般纳税人，增值税税率为 11%，取得收入 1 000 万元，企业该项业务应确认收入 900.9 万元，较营改增前有所下降。

同时可以推断出，以销售（营业）收入为扣除基数的广告费和业务宣传费、业务招待费及捐赠支出等税前扣除限额也会相应减少。

2. 税前扣除项目的变化

（1）可扣除的流转税减少。在营改增实施之前，纳税人缴纳的营业税可以在企业所得税税前全额扣除。而在营改增实施之后，由于增值税是价外税，并不包含在收入总额中，在计算企业应纳税所得额时，增值税不得计入收入总额，因此导致应纳税所得额减少。这是营改增对企业所得税最明显、最直接的影响。

（2）可扣除的成本费用减少。营业税制下的成本是价税合计，企业支付的运费或其他劳务费用，可以作为企业的成本费用在税前扣除。营改增实施之后，企业支付的各类原料成本、运费或其他劳务费用，由于可以抵扣增值税进项税额，包含进项税额的那部分，就不能再作为成本费用在企业所得税前扣除，而应进行价税分离，因此在营改增实施后企业的生产成本也会下降。

（3）购进固定资产计税基础的减少。营改增还会带来购进固定资产计税基础的变化。在营改增前，营业税纳税人不得抵扣购进固定资产进项税额，而营改增后，企业可以抵扣符合规定固定资产所对应的进项税额，受此影响，同样价格购入的固定资产，改征后的计税基础小于改征前，企业每年计提的折旧金额也将小于营改增前的折旧金额，将对企业的应纳税所得额造成直接影响。

例 2-20 甲房地产企业全年取得商品房销售收入 1 110 万元（含税），当年支付园林绿化款 666 万元（取得增值税专用发票并认证通过），相关费用 100 万元（取得增值税普通发票，包括业务招待费 10 万元）。

解析

营改增前：

该企业缴纳营业税 =1 110 × 5%=55.5（万元）

该企业缴纳城市维护建设税和教育费附加 =55.5 ×（7%+3%+2%）=6.66（万元）

该企业会计利润 =1 110−666−100−55.5−6.66=281.84（万元）

可以税前扣除的业务招待费 =1 110 × 0.5%=5.55（万元）

纳税调增 =10−5.55=4.45（万元）

该企业应纳税所得额 =281.84+4.45=286.29（万元）

该企业应缴纳企业所得税 =286.29 × 25%=71.57（万元）

该企业税后利润 =286.29 ×（1−25%）=214.72（万元）

营改增后：

该企业缴纳增值税 =1 110÷（1+11%）×11%−666÷（1+11%）×11%=44（万元）

该企业缴纳城市维护建设税和教育费附加 =44×（7%+3%+2%）=5.28（万元）

该企业会计利润 =1 000−600−100−5.28=294.72（万元）

可以税前扣除的业务招待费 =1 000×0.5%=5（万元）纳税调增 10−5=5（万元）

该企业应纳税所得额 =294.72+5=299.72（万元）

该企业应缴纳企业所得税 =299.72×25%=72.93（万元）

该企业税后利润 =299.72×（1−25%）=224.79（万元）

营改增后，在其他财务指标值都没有变化的情况下，企业的收入总额和扣除项目的金额都会减少，将对企业的企业所得税和税后利润指标都产生一定影响。但由于企业的收入总额和扣除项目金额同时下降，故无法就企业所得税税负变化方向得出一致结论。

|第 3 章|

增值税会计核算

本章主要针对会计核算，内容将围绕增值税科目的设置展开，深入分析每个科目核算的内容，实例讲述增值税核算的要点，并针对财政部下发的《增值税会计处理规定》，将增值税按照新规定进行科目梳理和讲解。

3.1 增值税会计核算特点概述

增值税的核算特点是由增值税的税种特性决定的，增值税为价外税，因此增值税科目的设置仅涉及资产负债表科目，不涉及利润表。增值税的科目建立是结合增值税纳税申报进行设置的，根据纳税申报表的填列项目，增值税科目设置有“进项税额”“销项税额”等，通过这些科目能够清晰、准确地核算增值税具体业务的变化。因而增值税相较营业税核算复杂。

3.2 新旧增值税会计核算科目体系对比

2016 年 12 月 23 日，财政部印发《增值税会计处理规定》的通知（财会〔2016〕22 号，以下简称“22 号文”），对增值税的会计核算办法进行了修订。现就新旧核算科目的变化进行对比分析，见表 3-1 和表 3-2。

表 3-1 新旧核算办法科目设置对比——二级科目

增值税核算规定（旧办法）		财会〔2016〕22 号《增值税会计处理规定》（新办法）	新办法对比旧办法的变化	新科目适用范围
二级科目	文件支持	二级科目		
应交增值税	《财政部关于增值税会计处理的规定》（财会〔1993〕83 号）	应交增值税	新办法下，“应交增值税”科目仅核算一般计税方式下或小规模纳税人的增值税业务，把简易计税方式下的增值税业务处理剔除。老办法下，所有的增值税业务处理均通过本科目核算	一般纳税人的一般计税方式 / 小规模纳税人
未交增值税		未交增值税	新办法下，“应交增值税”科目仅核算一般计税方式下的增值税业务。	一般纳税人的一般计税方式
待抵扣进项税额	《增值税一般纳税人纳税辅导期管理办法》（国税发〔2010〕40 号）	待抵扣进项税额	新办法对比老办法，新增核算“已取得增值税抵扣凭证并经税务机关认证，但根据增值税规定予以以后期间抵扣的进项税额”这种情况	一般纳税人的一般计税方式
增值税检查调整	《增值税日常稽查办法》（国税发〔1998〕44 号）		新办法下此科目取消	
增值税留抵税额	《营业税改征增值税试点有关企业会计处理规定》的通知（财会〔2012〕13 号）	增值税留抵税额	核算内容无变化。房地产企业不涉及此类业务，本书不做探讨	
		待转销项税额	新增科目，核算一般纳税人已确认收入但未发生增值税纳税义务待以后期间确认的增值税销项税额	一般纳税人的一般计税方式

（续）

增值税核算规定（旧办法）		财会〔2016〕22号《增值税会计处理规定》（新办法）	新办法对比旧办法的变化	新科目适用范围
二级科目	文件支持	二级科目		
		预交增值税	新增科目，核算一般纳税人按规定应预缴的增值税额，笔者认为此科目仅核算一般计税方式下的预缴增值税额	一般纳税人的一般计税方式
		待认证进项税额	新增科目，核算一般纳税人取得增值税抵扣凭证但未认证的情况	一般纳税人的一般计税方式
		简易计税	新增科目，核算一般纳税人简易计税方法下发生的增值税计提、扣减、预缴、缴纳等业务	一般纳税人的简易计税方式
		转让金融产品应交增值税	新增科目，核算增值税纳税人转让金融商品发生的增值税额。房地产企业涉及本科目的案例较少，本书不做详细探讨	
		代扣代交增值税	新增科目，核算纳税人购进在境内未设置经营机构的境外单位或者个人的应税行为应代扣代缴的增值税。本书不做详细探讨	

表 3-2 新旧核算办法科目设置对比——三级科目

增值税核算规定（旧办法）		财会〔2016〕22 号《增值税会计处理规定》（新办法）	新办法对比旧办法的变化
三级科目	文件支持	三级科目	
进项税额	《财政部关于增值税会计处理的规定》(财会〔1993〕83 号)	进项税额	核算内容无变化
已交税金		已交税金	旧办法下核算已缴纳的增值税额；新办法下仅核算当月缴纳的应交增值税额，因此预缴的增值税不在此科目核算
销项税额		销项税额	核算内容无变化
进项税额转出		进项税额转出	核算内容无变化
出口退税		出口退税	核算内容无变化，房地产企业不适用，不做详细探讨
营改增抵减的销项税额	《营业税改征增值税试点有关企业会计处理规定》的通知（财会〔2012〕13 号）	销项税额抵减	新办法明确此科目核算按照规定因扣减销售额而减少的销项税额，并且**明确规定抵减的销项税额同时冲减营业成本 / 存货等科目**；老办法核算一般纳税人提供应税服务，试点期间按照营业税改征增值税有关规定允许从销售额中扣除其支付给非试点纳税人价款的情况
减免税款		减免税款	核算内容无变化
出口抵减内销产品应纳税额		出口抵减内销产品应纳税额	核算内容无变化，房地产企业不适用，不做详细探讨
转出未交增值税	《财政部关于对增值税会计处理有关问题补充规定的通知》(财会〔1995〕22 号)	转出未交增值税	核算内容无变化
转出多交增值税		转出多交增值税	核算内容无变化

3.3 增值税会计科目设置及账务处理

从房地产企业规模来看，基本不存在小规模纳税人的情况。本书仅介绍一般纳税人增值税会计科目设置及账务处理。

3.3.1 “应交税费——应交增值税”科目设置及账务处理

“应交税费——应交增值税”科目核算企业按照税法等规定计算应缴纳的增值税，主要反映一般纳税人采用一般计税方式下增值税的发生、抵扣、进项转出、计提等情况。

为详细核算增值税的计算和解缴、抵扣等情况，方便增值税纳税申报表从核算科目中取数，“应交增值税”下需设置“进项税额”“已交税金”“减免税款”“销项税额抵减”“出口抵减内销产品应纳税额”“销项税额”“出口退税”“进项税额转出”“转出未交增值税”“转出多交增值税”10个三级明细科目，下面逐一讲解三级明细科目的科目设置及账务处理。

3.3.1.1 “应交税费——应交增值税（进项税额）”科目设置及账务处理

“应交税费——应交增值税（进项税额）”科目核算一般纳税人购进货物、加工修理修配劳务、服务、无形资产或不动产而支付或负担的、准予从当期销项税额中抵扣的增值税额。企业购入货物或接受应税劳务支付的进项税额，用蓝字登记；退回所购货物应冲销的进项税额，用红字登记。

1. 借方发生额

反映购入货物及应税劳务而支付的、准予从当期销项税额中抵扣的，已经过财务审核并认证通过的增值税额。

2. 贷方发生额

反映月末结转到“应交税费——应交增值税（转出未交增值税）”或“应交税费——应交增值税（转出多交增值税）”的金额。

3. 期末余额

期末余额为零；或者为借方余额，反映尚未抵扣的进项税额。

4. 账务处理

（1）对于已取得增值税抵扣凭证并认证通过的成本费用，直接按照抵扣凭证注明的不含税“价款”确认成本费用，按照抵扣凭证注明的“税额”确认增值税进项税。

借：成本费用等 [抵扣凭证上注明的价款]

　　应交税费——应交增值税（进项税额）[抵扣凭证上注明的税额]

　贷：应付账款等 [抵扣凭证上的价税合计额]

（2）接受投资转入的货物。

借：应交税费——应交增值税（进项税额）[抵扣凭证上注明的税额]

　　固定资产等 [确认的投资货物不含税金额]

　贷：股本等 [增值税额与货物价值的合计数]

（3）接受捐赠转入的货物。

借：应交税费——应交增值税（进项税额）[抵扣凭证上注明的税额]

　　固定资产等 [确认的捐赠货物的不含税价值]

　贷：营业外收入 [增值税额与货物价值的合计数]

（4）进口货物。

借：应交税费——应交增值税（进项税额）

　　[海关完税凭证上注明的增值税额]

　　成本费用等 [海关完税凭证上注明的价款]

　贷：应付账款等 [海关完税凭证上的价税合计额]

（5）境内接受境外单位或者个人提供的应税劳务，按照从税务机关或者境内代理人取得的解缴税款的中华人民共和国税收通用缴款书（以下称“通用缴款书”）上注明的增值税额。

借：应交税费——应交增值税（进项税额）

[通用缴款书注明的增值税额]

成本费用等 [通用缴款书注明的价款]

贷：应付账款等 [通用缴款书注明的价税合计额]

（6）购进免税农产品。

借：存货等 [买价扣除按规定计算的进项税额]

应交税费——应交增值税（进项税额）

[买价和规定的扣除率 13% 计算的进项税额]

贷：应付账款等 [应付或实际支付的金额]

例 3–1 甲房地产公司（一般纳税人适用一般计税方式），于 2016 年 7 月支付桩基工程进度款 1 332 万元，并取得增值税专用发票，发票注明施工工程款 1 200 万元，增值税款 132 万元。7 月，采购 10 台电脑用于日常办公，价款共计 11.7 万元，取得增值税专用发票，发票注明笔记本电脑共计 10 万元，增值税额 1.7 万元。以上发票均已通过认证，会计核算如下，以万元为单位。

借：开发成本——主体建筑安装工程	1 200	
应交税费——应交增值税（进项税额）	132	
贷：银行存款		1 332
借：固定资产——电子计算机	10	
应交税费——应交增值税（进项税额）	1.7	
贷：银行存款		11.7

3.3.1.2 “应交税费——应交增值税（已交税金）”科目设置及账务处理

“应交税费——应交增值税（已交税金）”科目核算一般纳税人当月已缴纳的应缴增值税额。企业已缴纳的增值税额用蓝字登记；退回多缴的增值税额用红字登记。

此科目应区别于“应交税费——预交增值税”，“应交税费——应交增值税（已交税金）”反映的是当月缴纳的应交增值税，“应交税费——预交增值税”反映的是当月预缴的增值税，两者应进行区别。

1. 借方发生额

反映当月已缴纳的应交增值税额。

2. 贷方发生额

反映月末结转到“应交税费——应交增值税（转出未交增值税）”或“应交税费——应交增值税（转出多交增值税）”的金额。

3. 期末余额

期末余额为零。

4. 账务处理

当月缴纳应纳增值税时

借：应交税费——应交增值税（已交税金）

　贷：银行存款

例 3-2 甲房地产开发企业（一般纳税人适用一般计税方式）于2016年8月因账簿缺失向税务机关申请延期申报纳税并获得批准，按照规定需预缴税款200万元。会计核算如下，以万元为单位。

借：应交税费——应交增值税（已交税金）	200	
贷：银行存款		200

3.3.1.3 “应交税费——应交增值税（减免税款）”科目设置及账务处理

“应交税费——应交增值税（减免税款）”科目核算一般纳税人按现行增值税制度规定准予减免的增值税额。对房地产企业而言，其减免的增值税款主要是购买税控系统设备的费用及系统的技术维护费。

增值税纳税人于2011年12月1日（含）以后初次购买增值税税控系统专用设备（包括分开票机）支付的费用，可凭购买增值税税控系统专用设备取得的增值税专用发票，在增值税应纳税额中全额抵减（抵减额为价税合计额），不足抵减的可结转下期继续抵减。

增值税纳税人于2011年12月1日以后缴纳的技术维护费（不含补缴的2011年11月30日以前的技术维护费），可凭技术维护服务单位开具的技术维护费发票，在增值税应纳税额中全额抵减，不足抵减的可结转下期继续抵减。技术维护费按照价格主管部门核定的标准执行。

1. 借方发生额

反映按规定减免的增值税额。

2. 贷方发生额

反映月末结转到“应交税费——应交增值税（转出未交增值税）”或“应交税费——应交增值税（转出多交增值税）”的金额。

3. 期末余额

期末余额为零；或者为借方余额，反映尚未减免的金额。

4. 账务处理

购买的税控设备入账应为当期费用，则相关的设备购买价可以在增值税应纳税额中全额抵减。相关会计分录如下：

借：管理费用等

　贷：银行存款等

借：应交税费——应交增值税（减免税款）

　贷：管理费用等

例3-3 甲房地产开发企业（一般纳税人）2016年5月购买增值税税控系统专用设备支付税控盘款490元，取得增值税专用发票，服务费330元，取得增值税普通发票。会计核算如下，以元为单位。

借：管理费用	820	
贷：银行存款		820

按照规定可以抵减增值税应纳税额时，凭借取得的发票在增值税应纳税额中全额抵减。会计核算如下，以元为单位。

借：应交税费——应交增值税（减免税款） 820

贷：管理费用 820

3.3.1.4 “应交税费——应交增值税（销项税额抵减）”科目设置及账务处理

“应交税费——应交增值税（销项税额抵减）”科目核算一般纳税人按照现行增值税制度规定因扣减销售额而减少的销项税额。

根据营改增试点办法的相关规定，房地产开发企业中的一般纳税人销售其开发的房地产项目（选择**简易计税方法的房地产老项目除外**），按照取得的全部价款和价外费用扣除当期销售房地产项目对应的土地价款后的余额为销售额，本科目主要反映因土地成本抵减的销项税额。

1. 借方发生额

反映按规定因土地成本扣减销售额而减少的销项税额。

2. 贷方发生额

反映月末结转到“应交税费——应交增值税（转出未交增值税）”或“应交税费——应交增值税（转出多交增值税）”的金额。

3. 期末余额

期末余额为零。

4. 账务处理

① 取得土地时：

借：开发成本——土地成本

贷：银行存款或应付账款 [应付或实际支付的金额]

②达到纳税义务发生时点需确认销项税额时：按照实现的销售收入和收取的销项税额以及按规定允许扣减的销售额 A（A= 当期销售房地产项目建筑

面积 ÷ 房地产项目可供销售建筑面积 × 支付的土地价款）。

借：预收账款 / 应收账款等 [收到的或应收的价税合计额]

贷：主营业务收入

应交税费——应交增值税（销项税额）

借：应交税费——应交增值税（销项税额抵减）

贷：营业成本 [*A*]

例 3-4 甲房地产公司（一般纳税人适用一般计税方式）于 2016 年 1 月通过招拍挂获得取得土地一块，价款为 56 000 万元，同年 5 月 15 日取得建筑工程施工许可证，同年 10 月取得商品房预售许可证，总可售建筑面积为 100 000m^2。2018 年 10 月"交钥匙"，当月确认收入（含税价）161 000 万元，销售面积 70 000m^2。会计核算如下，以万元为单位。

① 取得土地时：

借：开发成本——土地成本　　56 000

贷：银行存款　　56 000

② 确认收入时：收入所对应的销项税额 =161 000 ÷（1+11%）× 11%= 15 955（万元）；对应的土地成本可抵减的销项税额 =56 000 ×（70 000 ÷ 100 000）÷（1+11%）× 11%=3 885（万元）。

借：预收账款　　161 000

贷：主营业务收入　　145 045

应交税费——应交增值税（销项税额）　　15 955

借：应交税费——应交增值税（销项税额抵减）　　3 885

贷：主营业务成本　　3 885

3.3.1.5 "应交税费——应交增值税（出口抵减内销产品应纳税额）"科目设置及账务处理

"应交税费——应交增值税（出口抵减内销产品）"科目核算实行"免、

抵、退”办法的一般纳税人按规定计算的出口货物的进项税抵减内销产品的应纳税额。因房地产企业不适用此科目，本书不做详细说明。

3.3.1.6 “应交税费——应交增值税（销项税额）”科目设置及账务处理

“应交税费——应交增值税（销项税额）”科目核算一般纳税人销售货物、加工修理修配劳务、服务、无形资产或不动产应收取的增值税额。企业销售或提供应税劳务应收取的销项税额用蓝字登记；退回销售货物应冲销销项税额，用红字登记。

1. 借方发生额

反映月末结转到“应交税费——应交增值税（转出未交增值税）”或“应交税费——应交增值税（转出多交增值税）”的金额。

2. 贷方发生额

反映销售货物、加工修理修配劳务、服务、无形资产或不动产应收取的增值税额。

3. 期末余额

期末余额为零。

4. 账务处理

房地产开发企业一般纳税人适用一般计税方法的，在增值税纳税义务发生时应做以下账务处理：

借：银行存款 / 应收账款 / 预收账款等　[收到的价税合计额]

　贷：主营业务收入 / 其他业务收入　[不含税收入额 *A*]

　　　应交税费——应交增值税（销项税额）[*A*× 对应税率]

发生的销售退回，根据《国家税务总局关于红字增值税发票开具有关问题的公告》（国家税务总局公告 2016 年第 47 号，以下简称“47 号公告”），需先填开“开具红字增值税专用发票信息表”方可开具红字发票，销项税额才可在贷方作负数冲减。

例 3-5 甲房地产公司（一般纳税人）于 2018 年 7 月 1 日交房，当月共结转收入 38 850 万元，其中销项税额 3 850 万元。会计核算如下，以万元为单位。

借：预收账款	38 850	
贷：主营业务收入		35 000
应交税费——应交增值税（销项税额）		3 850

3.3.1.7 “应交税费——应交增值税（出口退税）”科目设置及账务处理

“应交税费——应交增值税（出口退税）”科目核算企业出口适用零税率的货物，向海关办理报关出口手续后，凭出口报关单等有关凭证，向税务机关申报办理出口退税而收到退回的税款。房地产企业一般不适用此科目，本书不做详细讲解。

3.3.1.8 “应交税费——应交增值税（进项税额转出）”科目设置及账务处理

“应交税费——应交增值税（进项税额转出）”科目核算一般纳税人购进货物、加工修理修配劳务、服务、无形资产或不动产等发生非正常损失以及其他原因而不应从销项税额中抵扣、按规定转出的进项税额。

1. 借方发生额

反映月末结转到“应交税费——应交增值税（转出未交增值税）”或“应交税费——应交增值税（转出多交增值税）”的金额。

2. 贷方发生额

反映购进货物、加工修理修配劳务、服务、无形资产或不动产等发生非正常损失以及其他原因而不应从销项税额中抵扣、按规定转出的进项税额。

3. 期末余额

期末余额为零。

4. 账务处理

房地产行业进项税额转出的情形主要有两类：一是已抵扣进项税额的购进货物、加工修理修配劳务、服务、无形资产或不动产等发生非正常损失；二是已抵扣进项税额的购进货物、加工修理修配劳务、服务、无形资产或不动产等改变用途专用于简易征收计税项目、免征增值税项目、集体福利或者个人消费。在发生上述情况时，企业应根据具体情况对原已申报抵扣的全部或部分金额做进项税额转出处理。账务处理如下：

借：成本费用等 [原已认证并抵扣的进项税额]

　贷：应交税费——应交增值税（进项税额转出）

　　[原已认证并抵扣的进项税额]

例 3-6 甲房地产公司（一般纳税人）2016 年 8 月进行固定资产盘点时，发现 2016 年 5 月采购的 6 台视频设备中有 1 台安装在员工活动室，专门用于员工工作之余的福利活动。5 月采购的视频设备已取得专用发票并通过认证，发票注明每台视频设备原价 0.8 万元，增值税税额为 0.14 万元。会计核算如下，以万元为单位。

借：固定资产——机器设备　0.14

　贷：应交税费——应交增值税（进项税额转出）　0.14

3.3.1.9 “应交税费——应交增值税（转出未交增值税）”科目设置及账务处理

“应交税费——应交增值税（转出未交增值税）”科目核算企业月终转出应缴未缴的增值税额。

1. 借方发生额

反映月终转到“应交税费——未交增值税”科目的应交未交增值税。

2. 贷方发生额

反映月末“应交增值税”其他明细科目转入本科目的金额。

3. 期末余额

期末余额为零。

4. 账务处理

月终，首先将“应交增值税”其他明细科目的余额按照科目的规定结转至本科目，再将本月未缴的增值税自“应交增值税”（三级明细）科目转入“未交增值税”明细科目。

借：应交税费——应交增值税（转出未交增值税）

　贷：应交税费——未交增值税

例 3-7 甲房地产公司（一般纳税人）2016 年 11 月当月发生进项税额 50 万元，销项税额 120 万元。月末会计核算如下，以万元为单位。

甲房地产公司 11 月月末的应缴增值税额 =120−50=70（万元）> 0，因此月末结转应使用“应交税费——应交增值税（转出未交增值税）”科目。

借：应交税费——应交增值税（销项税额）　120

　贷：应交税费——应交增值税（进项税额）　50

　　　应交税费——应交增值税（转出未交增值税）　70

借：应交税费——应交增值税（转出未交增值税）　70

　贷：应交税费——未交增值税　70

3.3.1.10 “应交税费——应交增值税（转出多交增值税）”科目设置及账务处理

“应交税费——应交增值税（转出多交增值税）”科目核算企业月终转出多缴的增值税额。

1. 借方发生额

反映月末“应交增值税”其他明细科目转入本科目的金额。

2. 贷方发生额

反映月末转入“应交税费——未交增值税”科目的多缴增值税额金额。

3. 期末余额

期末余额为零。

4. 账务处理

月终，首先将“应交增值税”其他明细科目的余额按照科目的规定结转至本科目，再将本月实际多缴的增值税自“应交税费——应交增值税”（三级明细）科目转入“未交增值税”明细科目。

借：应交税费——未交增值税

　贷：应交税费——应交增值税（转出多交增值税）

例 3-8 甲房地产公司（一般纳税人）于2016年12月当月发生进项税额50万元，已交税金60万元，销项税额20万元。月末会计核算如下，以万元为单位。

甲公司12月当月进项税额＞销项税额，因此可抵扣的进项税额为20万元。12月应缴增值税额＝（70−50）−60=−40（万元）＜0，因此月末结转应使用“应交税费——应交增值税（转出多交增值税）”科目。

借：应交税费——应交增值税（销项税额）	70	
应交税费——应交增值税（转出多交增值税）	40	
贷：应交税费——应交增值税（进项税额）		50
应交税费——应交增值税（已交税金）		60
借：应交税费——未交增值税	40	
贷：应交税费——应交增值税（转出未交增值税）		40

综上，房地产企业“应交税费——应交增值税”下三级明细科目设置如表3-3所示。

表 3-3“应交税费——应交增值税”三级明细科目汇总表

三级科目	借方发生额	贷方发生额	月末余额
进项税额	反映取得的并经认证的增值税进项发票金额	反映月末应结转的金额	月末余额为零；或者为借方余额，反映尚未抵扣的进项税额
已交税金	反映当月交纳的应交税款	反映月末应结转的金额	月末余额为零
减免税款	反映按规定减免的增值税额	反映月末应结转的金额	月末余额为零；或者为借方余额，反映尚未减免的税款金额
销项税额抵减	反映按规定扣减销售额而减少的销项税额	反映月末应结转的金额	月末余额为零
销项税额	反映月末应结转的金额	反映销售货物应收取的销项税额	月末余额为零
进项税额转出	反映月末应结转的金额	反映因非正常损失等情况不能从销项抵扣的进项税额	月末余额为零
转出未交增值税	反映月末转入“未交增值税”科目的金额	反映月末“应交增值税”其他明细科目转入本科目的金额	月末余额为零
转出多交增值税	反映月末“应交增值税”其他明细科目转入本科目的金额	反映月末转入“未交增值税”科目的金额	月末余额为零

3.3.2 “应交税费——未交增值税”科目设置及账务处理

“应交税费——未交增值税”科目核算一般纳税人月度终了从“应交增值税”或“预交增值税”明细科目转入当月应缴未缴、多缴或预缴的增值税额，以及当月缴纳以前期间未交的增值税额。因“简易计税”科目核算简易计税方式下的增值税业务，因此“应交税费——未交增值税”科目仅适用一般纳税人一般计税方式。

1. 借方发生额

反映当月缴纳以前期间未缴增值税额和月末自“应交税费——应交增值税（转出多交增值税）”“预交增值税”科目转入的税额。

2. 贷方发生额

反映公司月末自“应交税费——应交增值税（转出未交增值税）”科目转

入的当月未缴增值税额。

3. 期末余额

本科目借方余额反映的是公司期末预交增值税或多缴的增值税额，贷方余额反映尚未缴纳的增值税税款额。

4. 账务处理

月末，公司应将当月发生的应交增值税额自“应交税费——应交增值税”科目转入“应交税费——未交增值税”明细科目，账务处理如下：

借：应交税费——应交增值税（转出未交增值税）

　贷：应交税费——未交增值税

月末，公司应将本月多缴的增值税自“应交税费——应交增值税”“预交增值税”科目转入“未交增值税”明细科目，账务处理如下：

借：应交税费——未交增值税

　贷：应交税费——应交增值税（转出多交增值税）

　　应交税费——预交增值税

当月缴纳上月的增值税时账务处理如下：

借：应交税费——未交增值税

　贷：银行存款

例 3-9　2016 年 6 月，甲房地产企业（一般纳税人一般计税方式）增值税科目贷方的销项税额为 12 万元，借方进项税额为 8 万元，预缴税金 1 万元，月末会计核算如下，以万元为单位。

借：应交税费——应交增值税（销项税额）　12

　贷：应交税费——应交增值税（进项税额）　8

　　应交税费——应交增值税（转出未交增值税）　4

借：应交税费——应交增值税（转出未交增值税）　4

　贷：应交税费——未交增值税　4

借：应交税费——未交增值税　　　　　　　　　　1

　贷：应交税费——预交增值税　　　　　　　　　　1

2016 年 7 月，缴纳 6 月增值税会计核算如下：

借：应交税费——未交增值税　　　　　　　　　　3

　贷：银行存款　　　　　　　　　　　　　　　　3

3.3.3 “应交税费——待抵扣进项税额”科目设置及账务处理

“应交税费——待抵扣进项税额”核算一般纳税人已取得增值税扣税凭证并经税务机关认证，按照现行增值税制度规定准予以后期间从销项税额中抵扣的进项税额。主要适用以下两种情况：① 一般纳税人自 2016 年 5 月 1 日后取得并按固定资产核算的不动产或者 2016 年 5 月 1 日后取得的不动产在建工程，按现行增值税制度规定准予以后期间从销项税额中抵扣的进项税额；② 实行纳税辅导期管理的一般纳税人取得的尚未交叉稽核比对的增值税扣税凭证上注明或计算的进项税额。

本科目核算的取得的尚未交叉稽核比对的增值税扣税凭证上注明或计算的进项税额的情况应区别于“应交税费——待认证进项税额”。“应交税费——待认证进项税额”主要反映一般纳税人取得增值税抵扣凭证但未认证的情况，本科目主要反映实行纳税辅导管理的一般纳税人。

1. 借方发生额

反映营改增后购置不动产而支付的、准予分期从销项税额中抵扣的增值税额。房地产开发企业自行开发的房地产项目，融资租入的不动产以及在施工现场修建的临时建筑物、构筑物，其进项税额不适用于上述规定。

反映实行纳税辅导期管理的一般纳税人取得的尚未交叉稽核比对的增值税扣税凭证上注明或计算的进项税额，待发票认证后转入“应交税费——应交增值税（进项税额）”。

2. 贷方发生额

反映当期结转至“应交税费——应交增值税（进项税额）”的进项税额。

3. 期末余额

期末余额为零；或为借方余额，反映已取得发票但暂未列入进项税额进行抵扣的余额。

4. 账务处理

（1）国内购置不动产的账务处理。

1）按照增值税专用发票注明的“金额”确认资产原值，按照已认证通过的增值税专用发票上注明的“税额”确认已认证待抵扣进项税，做如下分录：

借：固定资产——房屋建筑物 [抵扣凭证上注明的金额]

　　应交税费——待抵扣进项税 [抵扣凭证上注明的税额 A]

　贷：应付账款 / 银行存款等 [抵扣凭证上的价税合计额]

2）分摊抵扣时，应做如下分录：

借：应交税费——应交增值税（进项税额） [A×60% 或 40%]

　贷：应交税费——待抵扣进项税 [A×60% 或 40%]

（2）核算实行纳税辅导期管理的一般纳税人取得增值税专用发票但未认证的情况。

1）购进资产 / 接受服务后，发票未认证的情况下，应做如下分录：

借：固定资产 / 长期待摊费用等 [抵扣凭证上注明的价款]

　　应交税费——待抵扣进项税 [抵扣凭证上注明的税额]

　贷：应付账款 / 银行存款等 [支付的价税合计]

2）发票认证通过后，应做如下分录：

借：应交税费——应交增值税（进项税额）

　　[抵扣凭证上注明的税额]

　贷：应交税费——待抵扣进项税 [抵扣凭证上注明的税额]

例 3-10 甲房地产公司（一般纳税人）于 2016 年 7 月购买一栋写字楼的 10 层作为办公用房，共支付 1 110 万元，取得增值税专用发票并通过认证。会计核算如下，以万元为单位。

借：固定资产——房屋建筑物（办公用房） 1 000

应交税费——待抵扣进项税额 110

贷：银行存款 1 110

7 月当月因购买不动产可抵扣的进项税额 =110×60%=66（万元），会计处理如下：

借：应交税费——应交增值税（进项税额） 66

贷：应交税费——待抵扣进项税额 66

3.3.4 “应交税费——增值税留抵税额”科目

“应交税费——增值税留抵税额”科目核算试点地区兼有应税服务的原增值税一般纳税人，截止到开始试点当月月初的增值税留抵税额按照营改增规定不得从应税服务的销项税中抵扣的情况。该科目不适用房地产企业，本书不做具体说明。

3.3.5 “应交税费——待转销项税额”科目设置及账务处理

“应交税费——待转销项税额”科目核算一般纳税人销售货物、加工修理修配劳务、服务、无形资产或不动产，已确认相关收入（或利得）但尚未发生增值税纳税义务而需于以后期间确认为销项税额的增值税额。本科目仅适用增值税一般纳税人的一般计税方式。

1. 借方发生额

反映房地产企业结转至“应交税费——应交增值税（销项税额）”科目的金额。

2. 贷方发生额

反映房地产企业已确认收入但未发生增值税纳税义务而需以后期间确认为销项税额的增值税额。

3. 期末余额

期末余额为零；或为贷方余额，即需以后期间确认为销项税额的增值税余额。

4. 账务处理

（1）确认收入但未发生增值税纳税义务时：

借：预收账款

　贷：主营业务收入

　　　应交税费——待转销项税额

（2）发生纳税义务时：

借：应交税费——待转销项税额

　贷：应交税费——应交增值税（销项税额）

例 3-11 甲房地产公司（一般纳税人）2016 年 7 月将销售的 50 套房屋的房款 5 000 万元确认为主营业务收入，但这 50 套房屋未交房，也未针对这 50 套房款开具相关发票。对应的销项税额 =5 000÷（1+11%）×11%=495（万元）。会计核算如下，以万元为单位。

借：预收账款　　　　　　　　　　　　　5 000

　贷：应交税费——待转销项税额　　　　　　　495

　　　主营业务收入　　　　　　　　　　　　　4 505

同年 12 月，这 50 套房子交房并开具相关发票。会计核算如下，以万元为单位：

借：应交税费——待转销项税额　　　　　495

　贷：应交税费——应交增值税（销项税额）　　495

3.3.6 “应交税费——预交增值税”科目设置及账务处理

“应交税费——预交增值税”科目核算一般纳税人转让不动产、提供不动产经营租赁服务、提供建筑服务、采用预收款方式销售自行开发的房地产项目等，以及其他按现行增值税制度规定应预缴的增值税额。本科目仅适用一般纳税人一般计税方式下的增值税预缴的核算。

1. 借方发生额

反映房地产企业采用一般计税方式下转让不动产、采用预收款方式销售自行开发的房地产项目等根据增值税制度规定应预缴的增值税额。

2. 贷方发生额

反映月末结转至“应交税费——未交增值税”科目的金额，房地产开发企业在预交增值税后应直至发生纳税义务方可从“应交税费——预交增值税”科目结转至“应交税费——未交增值税”科目。

3. 期末余额

期末余额为零。

4. 账务处理

根据增值税的相关规定，房地产开发企业采取预收款方式销售所开发的房地产项目，在收到预收款时按 3% 的预征率预缴增值税。

（1）取得预收款时：

借：银行存款　[实际收取的预收款金额 A]

　贷：预收账款

（2）实际预缴增值税时：

借：应交税费——预交增值税　[A ÷（1+11%）× 3%]

　贷：银行存款

例 3-12　甲房地产公司（一般纳税人适用一般计税方式）于 2016 年 8 月取得房屋预售款 3 000 万元，房屋未达到交房节点，且 8 月当月未开具相关发票。会计核算如下，以万元为单位。

借：银行存款　　3 000

　贷：预收账款　　3 000

9 月，预缴增值税时，预缴税款 =3 000 ÷（1+11%）× 3%=81.08（万元）。会计核算如下，以万元为单位。

借：应交税费——预交增值税　　81.08

　贷：银行存款　　81.08

3.3.7 “应交税费——待认证进项税额”科目设置及账务处理

“应交税费——待认证进项税额”科目用于核算一般纳税人由于未经税务机关认证而不得从当期销项税额中抵扣的进项税额。其中包括：一般纳税人已取得增值税扣税凭证、按照现行增值税制度规定准予从销项税额中抵扣，但尚未经税务机关认证的进项税额；一般纳税人已申请稽核但尚未取得稽核相符结果的海关缴款书进项税额。

1. 借方发生额

反映已获得增值税抵扣凭证暂未认证或稽核的增值税金额。

2. 贷方发生额

反映当期结转至“应交税费——应交增值税（进项税额）”的进项税额。

3. 期末余额

期末余额为零或为借方余额。借方余额反映已取得抵扣凭证但未认证或稽核的余额。

4. 账务处理

（1）取得抵扣凭证但暂未认证或稽核时，应做如下分录：

借：固定资产 / 长期待摊费用等　[抵扣凭证上注明的价款]

　　应交税费——待认证进项税额　[抵扣凭证上注明的税额]

　贷：应付账款 / 银行存款等　[支付的价税合计]

（2）认证或稽核通过后，应做如下分录：

借：应交税费——应交增值税（进项税额）

　贷：应交税费——待认证进项税额

例 3-13 甲房地产公司（一般纳税人）2016 年 9 月支付电梯采购款 405 万元（含税价），当月取得相关增值税专用发票但未进行认证，专用发票显示增值税额为 59 万元，货物款为 346 万元。会计核算如下，以万元为单位。

借：开发成本——主体建筑安装工程	346	
应交税费——待认证进项税额	59	
贷：银行存款		405

3.3.8 “应交税费——简易计税”科目设置及账务处理

“应交税费——简易计税”科目用于核算一般纳税人采用简易计税方法发生的增值税计提、扣减、预缴、缴纳等业务。本科目仅适用于一般纳税人简易计税方式。

针对房地产企业而言，适用此科目的情况主要有：房地产企业一般纳税人销售自行开发的房地产老项目、转让或出租其 2016 年 4 月 30 日前取得的不动产，选择适用简易计税方法计算的增值税额，以及销售使用过的在营改增前购入的固定资产应收取的按照简易办法依照 3% 的征收率减按 2% 征收的增值税额。

1. 借方发生额

反映简易计税方式下一般纳税人增值税的预缴、减免及缴纳等业务。

2. 贷方发生额

反映简易计税方式下一般纳税人计提等业务。

3. 期末余额

期末借方余额为简易计税方式下多缴、预缴的金额；贷方余额反映简易计税方式下应缴的增值税额。

4. 账务处理

（1）销售使用过的营改增前购入的固定资产，可以选择按照简易办法依照3%的征收率减按2%征收。

借：银行存款/应收账款等 [A]

　贷：固定资产清理

　　应交税费——简易计税 [A÷（1+3%）×2%]

（2）房地产开发企业中的一般纳税人，销售自行开发的房地产老项目或转让、出租其2016年4月30日前取得的不动产，可选择适用简易计税方法按照5%的征收率计税。

借：银行存款/应收账款/预收账款等 [收到的价税合计额A]

　贷：主营业务收入 [A÷（1+5%）]

　　应交税费——简易计税 [A÷（1+5%）×5%]

例3-14 甲房地产公司（一般纳税人）2016年11月老项目“交钥匙”，当月结转收入（含税）28 000万元，并全部开具增值税普通发票。当月，处置一辆已使用5年即将报废的车辆，账面价值为1万元，处置价格为2万元。会计核算如下，以万元为单位。

甲公司老项目结转收入，适用5%的征收率，简易征收的增值税额=28 000÷（1+5%）×5%=1 333（万元），会计核算如下：

借：预收账款	28 000	
贷：主营业务收入		26 667
应交税费——简易计税		1 333

甲房地产公司处置废旧车辆，因房地产行业于2016年5月1日起实施营改增，在此之前购买的车辆的进项税额未进行抵扣。根据财税〔2014〕57号的规定采用简易征收办法依照3%征收率减按2%征收增值税。简易征收的增值税额=2÷（1+3%）×2%=0.04（万元），会计核算如下：

借：固定资产清理	0.04	
贷：应交税费——简易计税		0.04
借：银行存款	2	
贷：固定资产清理		1.04
营业外收入		0.96

3.3.9 “应交税费——转让金融产品应交增值税”科目

“应交税费——转让金融产品应交增值税”科目核算增值税纳税人转让金融商品发生的增值税额。由于房地产企业较少碰到此类业务，本书不做详细说明。

3.3.10 “应交税费——代扣代交增值税”科目

“应交税费——代扣代交增值税”科目核算纳税人购进在境内未设经营机构的境外单位或个人在境内的应税行为代扣代缴的增值税。由于房地产企业较少碰到此类业务，本书不做详细说明。

3.3.11 期末会计处理

3.3.11.1 结转当期增值税

月份终了，应将当月发生的应缴未缴增值税额自“应交税费——应交增值税”所有三级科目转入“转出未交增值税”或者“转出多交增值税”，再通过这两个科目分别结转至“未交增值税”贷方或者借方。同时，应将“应交税费——预交增值税”的余额结转至“未交增值税”的借方。账务处理如下：

（1）结转以下应交增值税三级科目至“应交税费——应交增值税（转出未交增值税）”或者“交税费——应交增值税（转出多交增值税）”科目。

借：应交税费——应交增值税（销项税额）

应交税费——应交增值税（进项转出额）

应交税费——应交增值税（转出多交增值税）[差额在借方]

贷：应交税费——应交增值税（进项税额）

[仅结转本期可以抵扣的金额，留抵的金额无须结转]

应交税费——应交增值税（减免税款）

应交税费——应交增值税（已交税金）

应交税费——应交增值税（销项税额抵减）

应交税费——应交增值税（转出未交增值税）[差额在贷方]

（2）三级科目结转后差额在借方。

借：应交税费——未交增值税

贷：应交税费——应交增值税（转出多交增值税）

（3）三级科目结转后差额在贷方。

借：应交税费——应交增值税（转出未交增值税）

贷：应交税费——未交增值税

（4）预交增值税结转至未交增值税科目。

借：应交税费——未交增值税

贷：应交税费——预交增值税

3.3.11.2 计算缴纳附加税金的账务处理

为保证附加税金与收入配比，建议企业设置“预付账款——预缴税金”科目。在交付房屋并结转收入前，预缴的附加税金计入“预付账款——预缴税金”科目，在交付房屋并结转收入后，再根据结转收入的金额，配比结转附加税金到“税金及附加”科目。

（1）交付房屋并结转收入前，月末计提附加税金，账务处理如下.

借：预付账款——预缴税金（城市维护建设税）

预付账款——预缴税金（教育费附加）

预付账款——预缴税金（地方教育费附加）

贷：应交税费——城市维护建设税

应交税费——教育费附加

应交税费——地方教育费附加

（2）交付房屋并结转收入后，月末配比收入结转附加税金，账务处理如下：

借：税金及附加——城市维护建设税

税金及附加——教育费附加

税金及附加——地方教育费附加

贷：预付账款——预缴税金（城市维护建设税）

预付账款——预缴税金（教育费附加）

预付账款——预缴税金（地方教育费附加）

3.3.11.3 缴纳税金

次月初，纳税申报缴纳税款的账务处理：

借：应交税费——未交增值税

应交税费——城市维护建设税

应交税费——教育费附加

应交税费——地方教育费附加

贷：银行存款

例 3-15 甲公司为增值税一般纳税人，所有项目均采用一般计税方式。第一个月 A 区预缴税金 50 万元，B 区预缴税金 20 万元，销项税额 10 万元，进项税额 50 万元。月末结转的账务处理如下，以万元为单位：

（1）先把“应交增值税”科目中的明细项进行结转。其中因销项税额为 10 万元，小于等于进项税额可抵扣的金额 50 万元，因此进项税额仅有 10

万元可结转。

借：应交税费——应交增值税（销项税额） 10

贷：应交税费——应交增值税（进项税额） 10

（2）把“应交税费——预交增值税”科目的余额结转至“应交税费——未交增值税”。

借：应交税费——未交增值税 70

贷：应交税费——预交增值税 70

留抵的进项税额40万元，反映在“进项税额”科目余额中，由于“应交税费——未交增值税”科目余额在借方，因此本月无须缴纳增值税。

例3-16 接例3-15，甲公司第二个月A区预缴税金200万元，销项税额80万元，进项税额50万元。月末结转的账务处理如下，以万元为单位：

本月销项税额为80万元，即进项税额可抵扣的最高限额为80万元，进项税额结转出的金额=40万元（上月月末余额）+40万元（本月新增的进项税额）=80万元，余留10万元的余额在“应交税费——应交增值税（进项税额）”科目中。

（1）先把“应交增值税”科目中的明细项进行结转。

借：应交税费——应交增值税（销项税额） 80

贷：应交税费——应交增值税（进项税额） 80

（2）把“应交税费——预交增值税”科目的余额结转至“应交税费——未交增值税”。

借：应交税费——未交增值税 200

贷：应交税费——预交增值税 200

留抵的进项税额10万元反映在“进项税额”中，因未交增值税科目余额在借方，因此本月无须缴纳增值税。

例 3-17 接例 3-16，甲公司第三个月B区预缴税金100万元，销项税额700万元，进项税额100万元。月末结转的账务处理如下，以万元为单位：

（1）先把“应交增值税”科目中的明细项结转至“转出未交（多交）增值税”科目。其中本月销项税额为700万元，即进项税额可抵扣的最高限额为700万元，进项税额结转出的金额=10万元（上月月末余额）+100万元（本月新增的进项税额）=110万元。

借：应交税费——应交增值税（销项税额）　700

　贷：应交税费——应交增值税（进项税额）　110

　　应交税费——应交增值税（转出未交增值税）　590

（2）把“转出未交（多交）增值税”科目的余额和“应交税费——预交增值税”科目的余额结转至“未交增值税”。

借：应交税费——应交增值税（转出未交增值税）　590

　贷：应交税费——未交增值税　490

　　应交税费——预交增值税　100

（3）缴纳增值税。

甲公司第三个月“应交税费——未交增值税”的贷方余额=−70万元（第一个月余额）−200万元（第二个月借方增加额）+490万元（本月贷方增加额）= 360万元，因而甲公司第四个月月初需申报缴纳增值税360万元，账务处理如下：

借：应交税费——未交增值税　360

　贷：银行存款　360

总结：“应交税费——应交增值税”科目月末的余额要么为0，要么为“应交税费——应交增值税（进项税额）”和“应交税费——应交增值税（减免税款）”科目的余额。

3.3.12 会计科目设置的特别建议

3.3.12.1 按不同税率设置进项税额

根据增值税纳税申报表中的“进项税结构表”，为了方便管理和核算清晰，在“应交税费——应交增值税”中的“进项税额”明细科目按照表3-4设置四级科目。

表 3-4 按照税率设置进项税额

一级科目	二级科目	三级科目	四级科目
应交税费	应交增值税	进项税额	进项税率 3%
			进项税率 5%
			进项税率 6%
			进项税率 11%
			进项税率 13%
			进项税率 17%

3.3.12.2 按不同税率设置销项税额

为了更有利于核算以及统计各应税项目占收入的比例，同时遵循《增值税暂行条例》中规定的不同税率的增值税应税项目应分别核算的要求，应按照表3-5设置四级科目：

表 3-5 按照税率设置销项税额

一级科目	二级科目	三级科目	四级科目	适用范围
应交税费	应交增值税	销项税额	销项税率 11%	一般计税销售 / 出租不动产

3.3.12.3 按土地增值税清算项目归集增值税

根据《国家税务总局关于营改增后土地增值税若干征管规定的公告》(国家税务总局公告2016年第70号)，房地产开发企业实际缴纳的城市维护建设税、教育费附加等附加税，凡能够按清算项目准确计算的，允许据实扣除。凡不能按清算项目准确计算的，则按该清算项目预缴增值税时实际缴纳的城市维护建设税、教育费附加扣除。

因此，房地产公司可按照土地增值税清算项目归集增值税，对于应缴纳的销项税额和取得的增值税进项税额应区分不同的清算项目，此部分应设立辅助核算或建立备查账，以便更清晰、简便地分类统计相关金额。

3.3.12.4 增设“其他应收款——应收增值税票”科目

根据22号文的规定，对于已验收入库但尚未取得增值税抵扣凭证的货物等的会计处理如下：

（1）购进的货物等已验收入库，但尚未收到增值税抵扣凭证并未付款的，应按照购货清单或者合同协议价格暂估入账。

借：成本费用等 [暂估金额]

  贷：应付账款等

（2）次月初，红字冲销原暂估入账金额，并根据取得且已认证的抵扣凭证进行如下账务处理。

借：成本费用等（红字）

  [抵扣凭证上注明的不含税款与原入账价值的差额]

  应交税费——应交增值税（进项税额）

  [抵扣凭证上注明的增值税额]

贷/借：应付账款等 [实际价款与暂估价的差额]

笔者认为，直接将未取得增值税票的货物、服务等计入成本费用，容易带来实际工作的困难。财务人员需要区分哪些业务是暂估入账，哪些业务是取得的增值税普通发票应直接计入成本费用。若按照22号文的规定，企业需要有很完备的增值税发票的管理办法以及翔实的发票台账。因此，笔者建议增设“其他应收款——应收增值税票”科目，用以核算此种情况。

（1）购进的货物等已验收入库，但尚未收到增值税抵扣凭证并未付款的，应按照购货清单或者合同协议价格暂估入账。

借：其他应收款——应收增值税票 [暂估金额]

  贷：应付账款等

（2）取得且已认证的抵扣凭证应进行如下账务处理。

借：成本费用等 [抵扣凭证上注明的不含税款]

应交税费——应交增值税（进项税额）

[抵扣凭证上注明的增值税额]

贷：其他应收款——应收增值税票 [暂估金额]

贷/借：应付账款等 [实际价款与暂估价的差额]

3.3.13 财务报表相关项目列示

“应交税费”科目下的“应交增值税”“未交增值税”“待抵扣进项税额”“待认证进项税额”“增值税留抵税额”等明细科目期末借方余额应根据情况，在资产负债表中的“其他流动资产”或“其他非流动资产”项目列示。

“应交税费——待转销项税额”等科目期末贷方余额应根据情况，在资产负债表中的“其他流动负债”或“其他非流动负债”项目列示。

“应交税费”科目下的“未交增值税”“简易计税”等科目期末贷方余额应在资产负债表中的“应交税费”项目列示。

3.4 全周期增值税会计处理示例

例 3-18 案例背景： 甲房地产开发企业是增值税一般纳税人，2015 年 4 月以 570 000 万元价格通过“招拍挂”方式取得国有土地使用权，并取得政府部门开具的缴纳土地出让金的非税收入缴款书，次月缴纳相关契税 28 500 万元（570 000 万元 × 契税率 5%）。

该地块占地面积 65 000 m^2，总建设规模 240 000 m^2，企业分两期进行项目开发建设。

其中一期占地面积 17 000 m^2，于 2015 年 11 月取得建筑工程施工许可证，建筑工程施工许可证上注明的建设规模为 90 000 m^2，一期 2016 年 6 月开盘销售，2018 年 6 月房屋达到交付使用条件，项目一期选择适用简易计税方法。

二期占地面积 48 000 m²，于 2016 年 5 月取得建筑工程施工许可证，建筑工程施工许可证上注明的建设规模为 150 000 m²，二期 2017 年 2 月开盘销售，2019 年 1 月房屋达到交付使用条件，项目二期选择适用一般计税方法。

下面就上述案例，讲解甲房地产开发企业全开发周期的增值税会计处理。（为简便，以下分录数字的单位均为万元。）

3.4.1 获取土地使用权的会计处理

2015 年 4 月获取土地使用权时，业务处理如下：

借：开发成本——土地成本　　570 000

　贷：银行存款　　570 000

2015 年 5 月缴纳契税时，业务处理如下：

借：开发成本——土地成本　　28 500

　贷：银行存款　　28 500

解析：房地产开发企业中的一般纳税人销售其开发的房地产项目（选择简易计税方法的房地产老项目除外），以取得的全部价款和价外费用，扣除向政府部门支付的土地出让金后的余额为销售额。

纳税人按照上述规定从全部价款和价外费用中扣除的价款，应当取得符合法律、行政法规和国家税务总局规定的有效凭证，否则，不得扣除。房地产开发企业应取得政府部门开具的非税收入缴款书。本例中，能扣除的价款仅为获取土地出让金缴款书的 570 000 万元，购买土地缴纳的契税不能列入扣除范围。

3.4.2 房地产开发建设的会计处理

甲房地产开发企业在开发建设阶段发生下列经济业务：

1. 购入固定资产

甲房地产开发企业2016年7月采购办公电脑20台，每台电脑不含税价格1万元，共计支出价税合计23.4万元，当月取得增值税专用发票并扫描认证通过。2016年8月一台电脑因质量问题发生退货，企业收到退款1.17万元并取得增值税红字专用发票。

2. 接受应税服务

甲房地产开发企业于2016年7月支付乙企业样板间设计咨询费价税合计106万元，当月取得增值税专用发票并扫描认证通过。2016年10月，甲乙双方协商一致中止合同，甲方收到退款53万元并取得增值税红字专用发票。

3. 与建设单位结算工程款

甲房地产开发企业预算合约部提交产值资料显示，与乙建设单位结算2016年7月建筑安装工程产值120万元（不含税价，无法合理划分一期与二期的产值占比），提交企业相关部门审核后实际支付111万元（价款100万元，增值税额11万元），付款当月取得增值税专用发票并扫描认证通过。

4. 支付贷款利息及相关费用

甲房地产开发企业2016年6月向银行支付2016年二季度贷款利息1 000万元（符合资本化条件），支付该笔贷款的融资顾问费10万元。同月向银行支付日常理财顾问费，价税合计1.06万元，取得增值税专用发票并扫描认证通过。

5. 资产盘点清理

甲房地产开发企业于2016年8月对固定资产进行盘点，盘点结果如下：盘亏固定资产共计25项，原价38万元，累计折旧36万元；报废的固定资产共计12项，原价70万元，累计折旧62万元，当月将报废资产进行评估并处理，报废资产的评估价值为12万元，支付资产评估费1万元，当月处置报废资产，收益12万元，报废的固定资产均是2016年以前采购的；盘点时发现2016年5月采购的原计划用于销售时播放企业宣传片的投影设备最终用于员工之家，该视频设备原价2万元，进项税额0.34万元，取得增值税专用发票并认证通过。

甲房地产开发企业在开发建设阶段会计处理如下：

1. 购入固定资产

（1）2016年7月采购办公电脑时，3.4万元进项税额可全额抵扣，会计处理如下：

借：固定资产　　20

　　应交税费——应交增值税（进项税额）　　3.4

　贷：银行存款　　23.4

解析：根据《增值税暂行条例实施细则》第二十一条规定，《增值税暂行条例》第十条第（一）项所称购进货物，不包括既用于增值税应税项目（不含免征增值税项目）也用于非增值税应税项目、免征增值税项目、集体福利或者个人消费的固定资产。即只有专门用于非增值税应税项目、免税项目、集体福利或者个人消费的固定资产进项税额不得抵扣，需要进行进项税额转出。

甲房地产开发企业采购的固定资产既用于适用简易计税方法的一期，也用于适用一般计税方法的二期，故其进项税额可全额抵扣，不需要进行进项税额转出。

（2）2016年8月退货时，会计处理如下：

借：固定资产（红字）　　1

　　应交税费——应交增值税（进项税额）（红字）　　0.17

　贷：银行存款（红字）　　1.17

2. 接受应税服务

（1）甲房地产开发企业2016年7月支付设计费时，会计处理如下：

借：开发成本——前期工程（设计费） 100

　　应交税费——应交增值税（进项税额） 6

　贷：银行存款 106

（2）2016年8月服务中止时，会计处理如下：

借：开发成本——前期工程（设计费）（红字） 50

　　应交税费——应交增值税（进项税额）（红字） 3

　贷：银行存款（红字） 53

3. 与建筑单位结算工程款

（1）甲房地产开发企业预算合约部提交工程产值资料时的会计处理如下：

借：开发成本——建筑安装工程费 120

　贷：应付账款——暂估 120

（2）根据审核后金额支付款项，取得增值税专用发票并认证通过时，会计处理如下：

借：开发成本——建筑安装工程费（红字） 20

　　应付账款——暂估 120

　　应交税费——应交增值税（进项税额） 11

　贷：应付账款——乙单位工程款 111

借：应付账款——乙单位工程款 111

　贷：银行存款 111

（3）转出一期不允许抵扣的进项税额，会计处理如下：

借：开发成本——建筑安装工程费（一期） 4.13

　　贷：应交税费——应交增值税（进项税额转出） 4.13

解析：根据《房地产开发企业销售自行开发的房地产项目增值税征收管理暂行办法》，一般纳税人销售自行开发的房地产项目，兼有一般计税方法计税、简易计税方法计税、免征增值税的房地产项目而无法划分不得抵扣的进项税额的，应以建筑工程施工许可证注明的“建设规模”为依据进行划分。

不得抵扣的进项税额 = 当期无法划分的全部进项税额 ×（简易计税、免税房地产项目建设规模 ÷ 房地产项目总建设规模）

案例背景中已知项目总建设规模24 000m^2，一期建筑工程施工许可证上注明的建设规模为90 000m^2，故一期不允许抵扣的进项税额 =11 ×（90 000 ÷ 240 000）=4.13（万元）。

4. 支付贷款利息及相关费用

甲房地产开发企业2016年6月支付贷款利息及相关费用时会计处理如下：

借：开发成本——资本化利息　　1 010

　　开发成本——开发间接费（顾问费）　　1

　　应交税费——应交增值税（进项税额）　　0.06

　贷：银行存款　　1 011.06

解析：根据《营业税改征增值税试点有关事项的规定》，纳税人接受贷款服务向贷款方支付的与该笔贷款直接相关的投融资顾问费、手续费、咨询费等费用，其进项税额不得从销项税额中抵扣。

因此，房地产开发企业按合同约定的利率和期限支付的贷款利息，以及该笔贷款直接相关的投融资顾问费、手续费、咨询费等费用，其进项税额不能从销项税额中抵扣。每期支付的利息，符合资本化条件的计入资本化利息，不符合资本化条件的，计入财务费用。

需要注意一点，根据上述文件，房地产开发企业向金融机构支付的与贷款不直接相关的咨询费、顾问费等费用，其进项税额可以从销项税额中抵扣。

5. 资产盘点清理

（1）盘亏的固定资产的账务处理如下：

借：固定资产清理　2

　累计折旧　36

　贷：固定资产　38

借：营业外支出——非流动资产处置净损失　2

　贷：固定资产清理　2

（2）报废的固定资产的账务处理如下：

借：固定资产清理　8

　累计折旧　62

　贷：固定资产　70

将资产评估费用计入固定资产清理成本：

借：固定资产清理　1

　贷：银行存款　1

计算应缴纳的增值税，因固定资产均是2016年以前采购，房地产企业在2016年5月之前均是营业税纳税人，因此采购的固定资产的进项税额不曾抵扣。应缴纳的增值税＝处置价款12万元 ÷（1+3%）×2%=0.2（万元）。账务处理如下：

借：固定资产清理　0.2

　贷：应交税费——简易计税　0.2

结转处置固定资产的收益

借：银行存款　12

　贷：固定资产清理　9.2

　　营业外收入　2.8

（3）投影设备用途发生改变的账务处理如下：

借：固定资产　0.34

贷：应交税费——应交增值税（进项税额转出）　　0.34

解析：本例中，甲房地产开发企业购进的视频设备改变用途用于计提福利，因此进项税额应做转出处理。

3.4.3 房地产销售阶段的会计处理

甲房地产开发企业在销售经营阶段发生下列经济业务：

甲房地产开发企业2017年3月收取A客户一期房屋诚意金100万元，收取B客户二期房屋诚意金200万元，并于收到当月开具收据。

甲房地产开发企业2017年4月与C、D客户签订购房合同，当月收取C客户一期房屋款项300万元，收取D客户二期房屋款项400万元，并于收到当月开具收据。

甲房地产开发企业在销售经营阶段会计处理如下。

（1）甲房地产开发企业2017年3月收到诚意金时，会计处理如下：

借：银行存款　　100

　贷：其他应付款——诚意金（A客户）　　100

借：银行存款　　200

　贷：其他应付款——诚意金（B客户）　　200

（2）甲房地产开发企业2017年4月收到首付款时，会计处理如下：

借：银行存款　　300

　贷：预收账款——C客户　　300

借：银行存款　　400

　贷：预收账款——D客户　　400

（3）甲房地产开发企业2017年5月预缴增值税时，会计处理如下：

借：应交税费——预交增值税　　10.81

　　应交税费——简易计税　　8.57

贷：银行存款　　19.38

解析：根据36号文和18号公告，一般纳税人采取预收款方式销售自行开发的房地产项目，应在收到预收款时按照3%的预征率预缴增值税。一般纳税人应在取得预收款的次月纳税申报期向主管国税机关预缴税款。

预收款包括分期取得的预收款（首付+按揭+尾款）、全款取得的预收款以及定金。开发企业在收取诚意金、认筹金和订金时并没有与购房者签订相关合同，其收取的诚意金、认筹金和订金不属于预收款，在收取时计入其他应付款，无须预缴增值税。

案例背景中已知项目一期适用简易计税方法，项目二期适用一般计税方法，故本例中甲企业一期应预缴的增值税=[300÷（1+5%）]×3%=8.57（万元），二期应预缴的增值税=[400÷（1+11%）]×3%=10.81（万元），合计预缴增值税19.38万元。

3.4.4 房屋交付使用的会计处理

1. 甲房地产开发企业发生下列经济业务

甲房地产开发企业项目一期房屋2018年6月达到交付使用条件，开始通知业主办理入住手续，项目二期房屋2019年1月达到交付使用条件，开始通知业主办理入住手续。

截至2018年12月31日，甲房地产开发企业已认证留抵的进项税额15 000万元。项目一期待抵减的已预缴增值税2 000万元；二期待抵减的已预缴增值税20 000万元。

2019年1月项目二期集中交付房屋，交付房屋建筑面积共计100 000m^2，二期可以出售的总建筑面积150 000m^2。交付的房屋2018年12月31日前已收齐全部价款及款外费用，共计700 000万元。甲房地产开发企业交付当月向购房人开具发票，并确认收入。

2019年3月项目一期交付房屋建筑面积共计500m^2，交付的房屋2018年12月31日前已收齐全部价款及款外费用，共计3 500万元。甲企业交付当月向购房人开具发票，并确认收入。

2019年5月收取代购房者办理房产证的房屋维修资金共计1 000万元。

2019年6月一期A客户和二期B客户申请退房，甲房地产开发企业在以前月份已经向A、B客户交付房屋并开具增值税普通发票，账务上已在交楼月份确认收入并结转成本。其中A客户所退房屋建筑面积300m^2，原销售的不含税价值为2 000万元，销项税额为100万元，成本1 400万元；B客户所退房屋建筑面积140m^2，原销售的不含税价值为1 000万元，销项税额为110万元，成本700万元。甲房地产开发企业在2019年6月受理了A、B客户的退房申请并退款，开具负数增值税普通发票。

2. 甲房地产开发企业会计处理如下

（1）甲房地产开发企业2019年1月会计处理如下：

借：预收账款　　　　700 000

　贷：主营业务收入　　　　630 630.63

　　　应交税费——应交增值税（销项税额）　　　　69 369.37

借：应交税费——应交增值税（销项税额抵减）27 808.73

　贷：主营业务成本　　　　27 808.73

解析：根据36号文、18号公告，房地产开发企业中的一般纳税人销售其开发的房地产项目（选择简易计税方法的房地产老项目除外），以取得的全部价款和价外费用，扣除向政府部门支付的土地价款后的余额为销售额。

当期允许扣除的土地价款 =（当期销售房地产项目建筑面积 ÷ 房地产项目可供销售建筑面积）× 支付的土地价款

当期销售房地产项目建筑面积，是指当期进行纳税申报的增值税销售额对应的建筑面积。房地产项目可供销售建筑面积，是指房地产项目可以出售的地上总建筑面积，不包括地下车库面积和销售房地产项目时未单独作价结算的配套公共设施的建筑面积。

甲房地产开发企业项目一期适用简易计税办法，项目二期适用一般计税办法，适用简易计税方法的房地产开发项目，不允许扣除土地价款，故应先按占地面积计算出二期所对应的土地出让金，再按照上述公式计算项目二期1月允许扣除的土地出让金。

项目二期土地出让金＝土地出让金×（项目二期占地面积÷项目总占地面积）=570 000×（48 000÷65 000）= 420 923.08（万元）

当期允许扣除的土地价款＝（当期销售房地产项目建筑面积÷房地产项目可供销售建筑面积）×支付的土地价款＝（100 000÷150 000）×420 923.08=280 615.39（万元）

应抵减的销项税额 =280 615.39÷（1+11%）×11%=27 808.73（万元）

（2）甲房地产开发企业 2019 年 1 月月底结转增值税会计处理如下：

借：应交税费——应交增值税（销项税额）　69 369.37

　贷：应交税费——应交增值税（销项税额抵减）　27 808.73

　　　应交税费——应交增值税（进项税额）　15 000

　　　应交税费——应交增值税（转出未交增值税）　26 560.64

借：应交税费——应交增值税（转出未交增值税）26 560.64

　　应交税费——简易计税（红字）　2 000

　贷：应交税费——未交增值税　4 560.64

　　　应交税费——预交增值税　20 000

解析：根据 22 号文，房地产开发企业等在预缴增值税后，应直至纳税义务发生时方可从“应交税费——预交增值税”科目结转至“应交税费——未交增值税”科目。

根据 18 号公告，房地产开发企业预缴的增值税款，可以在增值税应纳税额中抵减，抵减不完的，结转下期继续抵减，抵减时无须区分一般计税和简易计税方式，无须区分地块。因此，2 月应缴纳的增值税额 =26 560.64-20 000-2 000=4 560.64（万元）。

（3）甲房地产开发企业 2019 年 2 月缴纳增值税会计处理如下：

借：应交税费——未交增值税　　　4 560.64

　贷：银行存款　　　4 560.64

（4）甲房地产开发企业 2019 年 3 月会计处理如下：

借：预收账款　　　3 500

　贷：主营业务收入　　　3 333.33

　　　应交税费——简易计税　　　166.67

（5）甲房地产开发企业 2019 年 4 月缴纳增值税会计处理如下：

借：应交税费——简易计税　　　166.67

　贷：银行存款　　　166.67

（6）甲房地产开发企业 2019 年 5 月会计处理如下：

借：银行存款　　　1 000

　贷：其他应付款——代收款　　　1 000

解析：根据 36 号文，房地产开发企业在销售过程中，代收的住宅专项维修资金无须计算缴纳增值税。因此，本例中代收的物业维修资金无须计算缴纳增值税。

（7）甲房地产开发企业 2019 年 6 月会计处理如下：

一期 A 客户退房会计处理

借：银行存款（红字）　　　2 100

　贷：主营业务收入（红字）　　　2 000

　　　应交税费——简易计税（红字）　　　100

借：主营业务成本（红字）　　　1 400

贷：库存商品（红字） 1 400

二期B客户退房会计处理

借：银行存款（红字） 1 110

贷：主营业务收入（红字） 1 000

应交税费——应交增值税（销项税额）(红字） 110

借：主营业务成本（红字） 700

贷：库存商品（红字） 700

借：应交税费——应交增值税（销项税额抵减）(红字） 38.93

贷：主营业务成本（红字） 38.93

解析：甲房地产开发企业项目一期适用简易计税办法，项目二期适用一般计税办法，适用一般计税方法的房地产开发项目，计算销售额时允许扣除土地价款。故二期B客户退房，账务上冲减收入成本时，应配比冲减以前月份扣除的土地价款时对应抵减的销项税额。

应先按占地面积计算出二期所对应的土地出让金，再计算二期退回房产在以前月份扣除的土地出让金。

项目二期土地出让金＝土地出让金×（项目二期占地面积÷项目总占地面积）=570 000×（48 000÷65 000）= 420 923.08（万元）

以前月份扣除的土地价款＝(当期退房建筑面积÷房地产项目可供销售建筑面积）×支付的土地价款＝(140÷150 000）×420 923.08=392.86（万元）

退房时应冲减的以前月份抵减的销项税额=392.86÷（1+11%）× 11% = 38.93（万元）

|第 4 章|

增值税纳税申报管理

为保障全面推开营业税改征增值税改革试点工作顺利实施，国家税务总局自 2016 年 3 月 31 日起先后出台《国家税务总局关于全面推开营业税改征增值税试点后增值税纳税申报有关事项的公告》（国家税务总局公告 2016 年第 13 号，以下简称“13 号公告”）、《国家税务总局关于调整增值税纳税申报有关事项的公告》（国家税务总局公告 2016 年第 27 号，以下简称“27 号公告”）、《国家税务总局关于营业税改征增值税部分试点纳税人增值税纳税申报有关事项调整的公告》（国家税务总局公告 2016 年第 30 号，以下简称“30 号公告”）、《国家税务总局关于调整增值税一般纳税人留抵税额申报口径的公告》（国家税务总局公告 2016 年第 75 号，以下简称“75 号公告”）4 个文件对营改增后的纳税申报事项进行规范和明确。本章以上述 4 个文件为基础，结合企业实务对房地产企业的增值税纳税申报进行详细阐述，由于本书主要面向房地产行业纳税人，因此在编写过程中选用的案例及叙述重点都聚焦于房地产实务方面，对本节未解析栏次，读者可参考上述关于纳税申报的相关文件。

4.1 增值税申报概述

增值税纳税申报是指增值税纳税人依照税收法律法规规定或主管税务机关依法确定的申报期限，向主管税务机关办理增值税纳税申报的业务。为引导房地产企业准确完成纳税申报，本节将对增值税纳税申报方式、申报流程进行介绍。

4.1.1 纳税申报方式

1. 上门申报

纳税人和扣缴义务人在规定的申报期限内，自行到税务机关指定的办税服务场所报送纳税申报表、代扣代缴、代收代缴报告表及相关资料。

2. 邮寄申报

经税务机关批准，纳税人、扣缴义务人使用统一的纳税申报专用信封，通过邮政部门办理交寄手续，并以邮政部门收据作为申报凭据的一种申报方式。

3. 网上申报

纳税人、扣缴义务人在规定的申报期限内，通过与税务机关接受办理纳税申报、代扣代缴及代收代缴税款申报的电子系统联网的电脑终端，按照规定和系统发出的指示输入申报内容，以完成纳税申报或者代扣代缴及代收代缴税款申报的方式。

4. 简易申报

实行定期定额的纳税人，通过以缴纳税款凭证代替申报或简并征期的一种申报方式。

4.1.2 申报流程

目前，我国纳税人一般采用网上申报方式，也有部分纳税人选择上门申报，本部分仅对网上申报及上门申报的基本流程进行说明。

4.1.2.1 网上申报流程

1. 办理数字证书

携带公章、税务登记证副本原件或含有统一社会信用代码的工商营业执照原件、经办人有效身份证原件到主管税务机关办理。

2. 申报软件下载

在主管省一级税务机关官方网站的资料下载专区下载。

3. 申报步骤

（1）开票数据上传。使用增值税开票系统的纳税人需要完成申报所属期开票信息抄报税手续，并在联网状态下完成数据上传。

（2）网上申报。纳税人在网上申报软件中填写增值税纳税申报表及其附列资料，审核无误后将报表上传。

（3）网上扣款。纳税人核对系统提示的扣款金额后完成扣款手续，扣款前须确认是否在税务机关办理税库银联网，并保证银行账户余额大于税款金额。

（4）清零解锁。纳税人登录增值税发票开具系统完成清零解锁手续，至此，申报手续完成。此外，纳税人在清零解锁后方可购买新发票，因此必须在申报期内完成该手续。

4.1.2.2 上门申报流程

1. 申报步骤

（1）开票数据抄报。使用增值税开票系统的一般纳税人或小规模纳税人需要完成申报所属期开票信息抄报税手续，用金税盘或税控盘到主管税务机关完成抄报税。

（2）上门申报。纳税人需要携带填报完整且数据审核无误的纳税申报资料至税务机关办理，采用自助申报机或由申报窗口人员完成申报数据录入工作。

（3）扣款。纳税人根据申报数据中的税款情况完成扣款。

（4）清零解锁。采用自助报税机或由申报窗口人员完成清零解锁手续。

4.2 增值税纳税申报有关资料填写解析及示例

营改增扩围后，纳税申报有关资料可以分为两大类：纳税申报资料和预缴税款资料。具体如表4-1所示。

实务中，房地产企业每个纳税申报期都需要填报纳税申报表及其附列资料，此外，在预售环节还需填报增值税预缴税款表，若被主管税务机关确定为营改增税负分析测算明细表的报送者，则须填列营改增税负分析测算明细表。为此，下文将按照纳税申报表及其附列资料、增值税预缴税款表、营改增税负分析测算明细表的次序为读者进行详细的填表解析。

4.2.1 增值税纳税申报有关资料填写解析

从房地产企业规模来看，基本不存在小规模纳税人的情况。因此本节将重点集中于一般纳税人申报表及其附列资料解析。

增值税一般纳税人（以下简称一般纳税人）纳税申报表及其附列资料包括：

（1）增值税纳税申报表（一般纳税人适用）。

（2）增值税纳税申报表附列资料（一）（本期销售情况明细，以下简称“附列资料（一）”）。

（3）增值税纳税申报表附列资料（二）（本期进项税额明细，以下简称“附列资料（二）”）。

（4）增值税纳税申报表附列资料（三）（服务、不动产和无形资产扣除项目明细，以下简称“附列资料（三）”）。

一般纳税人销售服务、不动产和无形资产，在确定服务、不动产和无形资产销售额时，按照有关规定可以从取得的全部价款和价外费用中扣除价款的，需填报附列资料（三）。其他情况不填写该表。

（5）增值税纳税申报表附列资料（四）（税额抵减情况表，以下简称“附列资料（四）”）。

表 4-1　增值税纳税申报有关资料明细表

项目	资料名称	明细内容	备注
纳税申报	纳税申报表及其附列资料	增值税一般纳税人纳税申报表及其附列资料	必报资料
		增值税小规模纳税人纳税申报表及其附列资料	
	纳税申报其他资料	1. 已开具的税控机动车销售统一发票和普通发票的存根联 2. 符合抵扣条件且在本期申报抵扣的增值税专用发票（含税控机动车销售统一发票）的抵扣联 3. 符合抵扣条件且在本期申报抵扣的海关进口增值税专用缴款书、购进农产品取得的普通发票的复印件 4. 符合抵扣条件且在本期申报抵扣的税收完税凭证及其清单，书面合同、付款证明和境外单位的对账单或者发票 5. 已开具的农产品收购凭证的存根联或报查联 6. 纳税人销售服务、不动产和无形资产，在确定服务、不动产和无形资产销售额时，按照有关规定从取得的全部价款和价外费用中扣除价款的合法凭证及其清单	报备要求由各省、自治区、直辖市和计划单列市国家税务局确定 实际管理过程中，一般作为企业留存备查资料，申报过程中不需要提供
		7. 营改增税负分析测算明细表	需要填写该表的企业名单由主管税务机关确定
		8. 主管税务机关规定的其他资料	
预缴税款	增值税预缴税款表	由以下三类纳税人填写： 1. 纳税人跨县（市）提供建筑服务 2. 房地产开发企业预售自行开发的房地产项目 3. 纳税人出租与机构所在地不在同一县（市）的不动产	法定预缴企业填报

（6）增值税纳税申报表附列资料（五）（不动产分期抵扣计算表，以下简称“附列资料（五）”）。

（7）固定资产（不含不动产）进项税额抵扣情况表。

（8）本期抵扣进项税额结构明细表。

（9）增值税减免税申报明细表。

在实际申报的过程中，房地产企业一般不涉及增值税减免税申报明细表的填写，因此本节不做解析。本节将根据表单顺序上述表格的填写及注意事项进行解析。

本节在讲解过程中，仅对表内栏次项目进行解析，不再对企业基本信息等情况的填写方法进行说明。

4.2.1.1 主表填表方法解析

本表栏次主要包括三部分内容，分别是销售额、税款计算和税款缴纳。

本表列分为一般项目和即征即退项目，对于房地产纳税人而言，一般不涉及即征即退项目，因此本章未对即征即退栏次的纳税申报进行深入解析。

具体填写方式如表 4-2 所示。

4.2.1.2 附列资料（一）填表方法解析

附列资料（一）主要用于销售收入和销项税额的填报。表格横向分为“一般计税方法”“简易计税方法”“免抵退税”“免税”四个栏次，在本次申报表修订后，将简易计税栏目的第 9 行拆分为 9a、9b，以满足新增 5% 征收率“服务、不动产和无形资产”的填报要求。本表格纵向分为 14 列，当营改增纳税人没有差额扣除的项目时，只需要填写 1 ～ 11 列，第 12 ～ 14 列为实行差额扣除的营改增纳税人填写，其中 12 列的内容为填写重点。房地产行业适用一般计税方法的填写第 4 行“11% 税率”相关栏次，适用简易计税的填写第 9b 行“5% 征收率的服务、不动产和无形资产”。填写方式如表 4-3 所示。

表 4-2 增值税纳税申报表填报解析表（一般纳税人适用）

项目		栏次	一般项目		即征即退项目
			本月数	本年累计	本年累计
销售额	（一）按适用税率计税销售额	1	填写纳税人本期按一般计税方法计算缴纳增值税的销售额。房地产企业可扣除土地价款的，本栏应填写扣除之前的不含税销售额。仅有房地产项目收入的该栏等于附列资料（一）第 9 列第 4 行数据	填写本年度内各月“本月数”之和，首次填报时本栏数等于“本月数”	
	其中：应税货物销售额	2	填写纳税人本期按适用税率计算增值税的应税货物的销售额。（不同于应税服务，房地产企业一般不涉及）		
	应税劳务销售额	3	填写纳税人本期按适用税率计算增值税的应税劳务的销售额。（不同于应税服务，房地产企业一般不涉及）		
	纳税检查调整的销售额	4	填写纳税人因税务、财政、审计部门检查，并按一般计税方法在本期计算调整的销售额。仅有房地产项目收入的该栏等于附列资料（一）第 7 列第 4 行数据		
	（二）按简易办法计税销售额	5	填写纳税人本期按简易计税方法计算增值税的销售额。房地产企业销售自行开发的房地产老项目适用简易计税方法的，不得扣除对应的土地价款。仅有房地产项目收入的该栏等于附列资料（一）第 9 列第 9b 行数据		
	其中：纳税检查调整的销售额	6	填写纳税人因税务、财政、审计部门检查，并按简易计税方法在本期计算调整的销售额		
	（三）免、抵、退办法出口销售额	7	填写纳税人本期适用免、抵、退税办法的出口货物、劳务和服务、无形资产的销售额。（房地产企业一般不涉及）		
	（四）免税销售额	8	填写纳税人本期按照税法规定免征增值税的销售额和适用零税率的销售额，但零税率的销售额中不包括适用免、抵、退税办法的销售额。（房地产企业一般不涉及）		
	其中：免税货物销售额	9	填写纳税人本期按照税法规定免征增值税的货物销售额及适用零税率的货物销售额，但零税率的销售额中不包括适用免、抵、退税办法出口货物的销售额。（房地产企业一般不涉及）		
	免税劳务销售额	10	填写纳税人本期按照税法规定免征增值税的劳务销售额及适用零税率的劳务销售额，但零税率的销售额中不包括适用免、抵、退税办法的劳务的销售额。（房地产企业一般不涉及）		仅享受增值税即征即退税收优惠的企业

税款计算	销项税额	11	填写纳税人本期按一般计税方法计税的货物、劳务和服务、不动产、无形资产的销项税额。房地产企业可扣除土地价款的，本栏应填写扣除之后的销项税额，仅有房地产项目收入的纳税人本栏等于附列资料（一）第14列第4行数据		填报。（房地产企业一般不涉及）
	进项税额	12	本栏等于附列资料（二）第12栏“税额”。填写纳税人本期申报抵扣的进项税额		
	上期留抵税额	13	本栏根据纳税人类型填写： 1. 上期留抵税额按规定须挂账的纳税人。①仅原增值税一般纳税人涉及，房地产企业一般不涉及 2. 其他纳税人：“本月数”按上期申报表第20栏期末留抵税额“本月数”填写。“本年累计”填写“0”。首次申报该栏为“0”		
	进项税额转出	14	填写纳税人已经抵扣，但按税法规定本期应转出的进项税额。等于附列资料（二）第13栏“税额”	填写本年度内各月“本月数”之和，首次填报时本栏数等于“本月数”	
	免、抵、退应退税额	15	反映税务机关退税部门按照出口货物、劳务和服务、无形资产免、抵、退办法审批的增值税应退税额。（房地产企业一般不涉及）		
	按适用税率计算的纳税检查应补缴税额	16	填写税务、财政、审计部门检查，按一般计税方法计算的纳税检查应补缴的增值税税额		
	应抵扣税额合计	17=12+13−14−15+16	填写纳税人本期应抵扣进项税额的合计数。按表中所列公式计算填写	本栏不填写	
	实际抵扣税额	18（如17<11，则为17，否则为11）	按表中所列公式计算填写		
	应纳税额	19=11−18	反映纳税人本期按一般计税方法计算并应缴纳的增值税额。等于第11栏“本月数”—第18栏“本月数”—第18栏“本年累计”	填写本年度内各月“本月数”之和，首次填报时本栏数等于“本月数”	

（续）

项目		栏次	一般项目 本月数	一般项目 本年累计	即征即退项目 本年累计
税款计算	期末留抵税额	20 = 17 − 18	本栏根据纳税人类型填写： 1. 上期留抵税额按规定须挂账的纳税人。仅原增值税一般纳税人涉及，房地产企业一般不涉及 2. 其他纳税人："本月数"按表中公式填写。"本年累计"填写"0"		
	简易计税办法计算的应纳税额	21	反映纳税人本期按简易计税方法计算并应缴纳的增值税额，但不包括按简易计税方法计算的纳税检查应补缴税额。仅有不动产销售收入的纳税人本栏等于附列资料（一）第10列第9b行数据。分支机构该栏填入预征的税额	填写本年度内各月"本月数"之和，首次填报时本栏数等于"本月数"	
	按简易计税办法计算的纳税检查应补缴税额	22	"按简易计税办法计算的纳税检查应补缴税额"：填写纳税人本期因税务、财政、审计部门检查并按简易计税方法计算的纳税检查应补缴税额。与附表无勾稽关系		
	应纳税额减征额	23	填写纳税人本期按照税法规定减征的增值税应纳税额。包含按照规定可在增值税应纳税额中全额抵减的增值税税控系统专用设备费用以及技术维护费。当本期减征额小于或等于第19栏"应纳税额"与第21栏"简易计税办法计算的应纳税额"之和时，按本期减征额实际填写；当本期减征额大于第19栏"应纳税额"与第21栏"简易计税办法计算的应纳税额"之和时，按本期第19栏与第21栏之和填写。本期减征额不足抵减部分结转下期继续抵减		
	应纳税额合计	24 = 19 + 21 − 23	反映纳税人本期应交增值税的合计数。按表中所列公式计算填写		
	期初未缴税额（多缴为负数）	25	按上一税款所属期申报表第32栏"期末未缴税额（多缴为负数）""本月数"填写	按上年度最后一个税款所属期申报表第32栏"本年累计"填写	
	实收出口开具专用缴款书退税额	26	本栏不填写		仅享受增值税即征即退税收优惠的企业

税款缴纳	本期已缴税额	27 = 28 + 29 + 30 + 31	反映纳税人本期实际缴纳的增值税额，但不包括本期入库的查补税款。按表中所列公式计算填写	填写本年度内各月“本月数”之和，首次填报时本栏数等于“本月数”	填报。(房地产企业一般不涉及)
	①分次预缴税额	28	填写纳税人本期已缴纳的准予在本期增值税应纳税额中抵减的税额 营业税改征增值税的纳税人，分以下几种情况填写： 1. 服务、不动产和无形资产按规定汇总计算缴纳增值税的总机构，其可以从本期增值税应纳税额中抵减的分支机构已缴纳的税款，按当期实际可抵减数填入本栏，不足抵减部分结转下期继续抵减 2. 销售建筑服务并按规定预缴增值税的纳税人，其可以从本期增值税应纳税额中抵减的已缴纳的税款，按当期实际可抵减数填入本栏，不足抵减部分结转下期继续抵减 3. 销售不动产并按规定预缴增值税的纳税人，其可以从本期增值税应纳税额中抵减的已缴纳的税款，按当期实际可抵减数填入本栏，不足抵减部分结转下期继续抵减。(填写房地产企业销售不动产预征缴纳税款情况，等于附列资料（四）第4行“销售不动产预征缴纳税款”第4列“本期实际抵减税额”) 4. 出租不动产并按规定预缴增值税的纳税人，其可以从本期增值税应纳税额中抵减的已缴纳的税款，按当期实际可抵减数填入本栏，不足抵减部分结转下期继续抵减		
	②出口开具专用缴款书预缴税额	29	本栏不填写		
	③本期缴纳上期应纳税额	30	填写纳税人本期缴纳上一税款所属期应交未交的增值税额。例如：企业6月申报所属期为5月税款100万元，完税；则应在7月进行所属期为6月的申报时在此栏中填入100万元	按上一税款所属期申报表第38栏“期末未缴查补税额”“本月数”填写	
	④本期缴纳欠缴税额	31	反映纳税人本期实际缴纳和留抵税额抵减的增值税欠税额，但不包括缴纳入库的查补增值税额	按上年度最后一个税款所属期申报表第32栏“本年累计”填写	

（续）

项目		栏次	一般项目 本月数	一般项目 本年累计	即征即退项目 本年累计
税款缴纳	期末未缴税额（多缴为负数）	32＝24＋25＋26－27	“本月数”反映纳税人本期期末应缴未缴的增值税额，但不包括纳税检查应缴未缴的税额。按表中所列公式计算填写。“本年累计”与“本月数”相同		仅享受增值税即征即退税收优惠的企业填报。（房地产企业一般不涉及）
税款缴纳	其中：欠缴税额（≥0）	33＝25＋26－27	反映纳税人按照税法规定已形成欠税的增值税额。按表中所列公式计算填写	本栏不填写	
税款缴纳	本期应补（退）税额	34＝24－28－29	反映纳税人本期应纳税额中应补缴或应退回的数额。按表中所列公式计算填写	本栏不填写	
税款缴纳	即征即退实际退税额	35	本栏不填写	本栏不填写	
税款缴纳	期初未缴查补税额	36	按上一税款所属期申报表第38栏“期末未缴查补税额”“本月数”填写	按上年度最后一个税款所属期申报表第38栏“期末未缴查补税额”“本年累计”填写	
税款缴纳	本期入库查补税额	37	反映纳税人本期因税务、财政、审计部门检查而实际入库的增值税额，包括按一般计税方法计算并实际缴纳的查补增值税额和按简易计税方法计算并实际缴纳的查补增值税额。	按上一税款所属期申报表第38栏“期末未缴查补税额”“本月数”填写	
税款缴纳	期末未缴查补税额	38＝16＋22＋36－37	“本月数”反映纳税人接受纳税检查后应在本期期末缴纳而未缴纳的查补增值税额。按表中所列公式计算填写，“本年累计”与“本月数”相同		

①上期留抵税额按规定须挂账的纳税人是指试点实施之日前一个税款所属期的申报表第20栏“期末留抵税额”“一般货物、劳务和应税服务”列“本月数”大于零，且兼有营业税改征增值税服务、不动产和无形资产的纳税人（下同）。其试点实施之日前一个税款所属期的申报表第20栏“期末留抵税额”“一般货物、劳务和应税服务”列“本月数”，为货物和劳务挂账留抵税额。按照《国家税务总局关于调整增值税一般纳税人留抵税额申报口径的公告》（国家税务总局公告2016年第75号）规定，自2016年12月1日起增值税纳税申报表（一般纳税人适用）第13栏“上期留抵税额”“一般项目”列“本年累计”和第20栏“期末留抵税额”“一般项目”列“本年累计”栏次停止使用，不再填报数据。

表 4-3 增值税纳税申报表附列资料（一）填报解析表（本期销售情况明细）

项目及栏次				开具增值税专用发票①		开具其他发票②		未开具发票③		纳税检查调整④		合计⑤			服务、不动产和无形资产扣除项目本期实际扣除金额⑥	扣除后	
				销售额	销项（应纳）税额	销售额	销项（应纳）税额	销售额	销项（应纳）税额	销售额	销项（应纳）税额	销售额	销项（应纳）税额	价税合计		含税（免税）销售额⑦	销项（应纳）税额⑧
				1	2	3	4	5	6	7	8	9=1+3+5+7	10=2+4+6+8	11=9+10	12	13=11−12	14=13÷（100%+税率或征收率）×税率或征收率
一、一般计税方法计税	全部征税项目	17%税率的货物及加工修理修配劳务	1	按不同税率和项目分别填写按一般计税方法计算增值税的全部征税项目。有即征即退征税项目的纳税人，本部分数据中既包括即征即退项目，也包括不享受即征即退政策的一般征税项目。（房地产企业一般不涉及）													
		17%税率的服务、不动产和无形资产	2														
		13%税率	3														
		11%税率	4	房地产企业适用一般计税的填列此行，填写其按一般计税方法计算增值税的全部征税项目											房地产企业该栏填写其当期按规定可以扣除的土地出让金金额。⑨	房地产企业该栏=本行11列－本行第12列金额	房地产企业填写扣除土地出让金后的销项税额，该栏等于本行第13列金额÷（1+11%）×11%
		6%税率	5	填写适用6%税率的征税项目。有即征即退征税项目的纳税人，本部分数据中既包括即征即退项目，也包括不享受即征即退政策的一般征税项目。（房地产企业集团采用委托贷款或资金拆借方式收取的利息应填写比列，其他业务一般不涉及）													
	其中：即征即退项目	即征即退货物及加工修理修配劳务	6	反映按一般计税方法计算增值税且享受即征即退政策的货物、加工修理修配劳务服务、不动产和无形资产。（房地产企业一般不涉及）													
		即征即退服务、不动产和无形资产	7														

（续）

<table>
<tr><th colspan="4" rowspan="3">项目及栏次</th><th colspan="2">开具增值税专用发票①</th><th colspan="2">开具其他发票②</th><th colspan="2">未开具发票③</th><th colspan="2">纳税检查调整④</th><th colspan="3">合计⑤</th><th rowspan="2">服务、不动产和无形资产扣除项目本期实际扣除金额⑥</th><th colspan="2">扣除后</th></tr>
<tr><th>销售额</th><th>销项（应纳）税额</th><th>销售额</th><th>销项（应纳）税额</th><th>销售额</th><th>销项（应纳）税额</th><th>销售额</th><th>销项（应纳）税额</th><th>销售额</th><th>销项（应纳）税额</th><th>价税合计</th><th>含税（免税）销售额⑦</th><th>销项（应纳）税额⑧</th></tr>
<tr><th>1</th><th>2</th><th>3</th><th>4</th><th>5</th><th>6</th><th>7</th><th>8</th><th>9=1+3+5+7</th><th>10=2+4+6+8</th><th>11=9+10</th><th>12</th><th>13=11−12</th><th>14=13÷（100%+税率或征收率）×税率或征收率</th></tr>
<tr><td rowspan="11">二、简易计税方法计税</td><td rowspan="9">全部征税项目</td><td>6%征收率</td><td>8</td><td colspan="14" rowspan="2">按不同征收率和项目分别填写按简易计税方法计算增值税的全部征税项目。有即征即退征税项目的纳税人，本部分数据中既包括即征即退项目，也包括不享受即征即退政策的一般征税项目。（房地产企业一般不涉及）</td></tr>
<tr><td>5%征收率的货物及加工修理修配劳务</td><td>9a</td></tr>
<tr><td>5%征收率的服务、不动产和无形资产</td><td>9b</td><td colspan="11">房地产企业适用简易计税的填列此行，填写其按简易计税方法计算增值税的全部征税项目</td><td colspan="3">房地产企业适用简易计税的不允许扣除土地出让金，因此该部分不填写</td></tr>
<tr><td>4%征收率</td><td>10</td><td colspan="14">按不同征收率和项目分别填写按简易计税方法计算增值税的全部征税项目。有即征即退征税项目的纳税人，本部分数据中既包括即征即退项目，也包括不享受即征即退政策的一般征税项目。（房地产企业一般不涉及）</td></tr>
<tr><td>3%征收率的货物及加工修理修配劳务</td><td>11</td><td colspan="14">按不同征收率和项目分别填写按简易计税方法计算增值税的全部征税项目。有即征即退征税项目的纳税人，本部分数据中既包括即征即退项目，也包括不享受即征即退政策的一般征税项目。房地产企业销售自己使用过的固定资产可以填入此行，但须要提前到税务机关办理简易征收备案手续⑩</td></tr>
<tr><td>3%征收率的服务、不动产和无形资产</td><td>12</td><td colspan="14">按不同征收率和项目分别填写按简易计税方法计算增值税的全部征税项目。有即征即退征税项目的纳税人，本部分数据中既包括即征即退项目，也包括不享受即征即退政策的一般征税项目。（房地产企业一般不涉及）</td></tr>
<tr><td>预征率　%</td><td>13a</td><td colspan="14" rowspan="3">反映营业税改征增值税的纳税人，服务、不动产和无形资产按规定汇总计算缴纳增值税的分支机构，预征增值税销售额、预征增值税应纳税额。第13a行“预征率%”适用于所有实行汇总计算缴纳增值税的分支机构试点纳税人；第13b、13c行“预征率%”适用于部分实行汇总计算缴纳增值税的铁路运输试点纳税人。</td></tr>
<tr><td>预征率　%</td><td>13b</td></tr>
<tr><td>预征率　%</td><td>13c</td></tr>
<tr><td rowspan="2">其中：即征即退项目</td><td>即征即退货物及加工修理修配劳务</td><td>14</td><td colspan="14" rowspan="2">反映按简易计税方法计算增值税且享受即征即退政策的货物、加工修理修配劳务服务、不动产和无形资产。（房地产企业一般不涉及）</td></tr>
<tr><td>即征即退服务、不动产和无形资产</td><td>15</td></tr>
</table>

三、免抵退税	货物及加工修理修配劳务	16	反映适用免、抵、退税政策的出口货物、加工修理修配劳务。（出口企业填写，房地产企业一般不涉及）
	服务、不动产和无形资产	17	反映适用免、抵、退税政策的服务、不动产和无形资产。（出口企业填写，房地产企业一般不涉及）
四、免税	货物及加工修理修配劳务	18	反映按照税法规定免征增值税的货物及劳务和适用零税率的出口货物及劳务，但零税率的销售额中不包括适用免、抵、退税办法的出口货物及劳务。（房地产企业一般不涉及）
	服务、不动产和无形资产	19	反映按照税法规定免征增值税的服务、不动产、无形资产和适用零税率的服务、不动产、无形资产，但零税率的销售额中不包括适用免、抵、退税办法的服务、不动产和无形资产。（房地产企业一般不涉及）

①“开具增值税专用发票”：反映本期开具增值税专用发票（含税控机动车销售统一发票，下同）的情况。

②“开具其他发票”：反映除增值税专用发票以外本期开具的其他发票的情况。

③“未开具发票”：反映本期未开具发票的销售情况。

④“纳税检查调整”：反映经税务、财政、审计部门检查并在本期调整的销售情况。

⑤“合计”：按照表中所列公式填写。

⑥“服务、不动产和无形资产扣除项目本期实际扣除金额”：营业税改征增值税的纳税人，服务、不动产和无形资产有扣除项目的，按附列资料（三）第5列对应各行次数据填写，其中本列第5栏等于附列资料（三）第5列第3行与第4行之和；服务、不动产和无形资产无扣除项目的，本列填写“0”。其他纳税人不填写。

⑦“扣除后”“含税（免税）销售额”：营业税改征增值税的纳税人，服务、不动产和无形资产有扣除项目的，本列各行次＝第11列对应各行次－第12列对应各行次。其他纳税人不填写。

⑧“扣除后”“销项（应纳）税额”：营业税改征增值税的纳税人，服务、不动产和无形资产有扣除项目的，按以下要求填写本列，其他纳税人不填写。

（1）服务、不动产和无形资产按照一般计税方法计税

本列各行次＝第13列 ÷(100%+对应行次税率)× 对应行次税率

本列第7行“按一般计税方法计税的即征即退服务、不动产和无形资产”不按本列的说明填写。具体填写要求见“附列资料（一）（本期销售情况明细）填写说明”中“（三）各行说明”第2条第（2）项第③点的说明。

（2）服务、不动产和无形资产按照简易计税方法计税

本列各行次＝第 13 列 ÷(100%+ 对应行次征收率)× 对应行次征收率

本列第 13 行“预征率 %”不按本列的说明填写。具体填写要求见“附列资料（一）(本期销售情况明细）填写说明”中“(三）各行说明”第 4 条第（2）项。

（3）服务、不动产和无形资产实行免抵退税或免税的，本列不填写。

⑨ 根据国家税务总局公告 2016 年第 18 号，房地产开发企业中的一般纳税人销售自行开发的房地产项目，适用一般计税方法计税，按照取得的全部价款和价外费用，扣除当期销售房地产项目对应的土地价款后的余额计算销售额。销售额的计算公式如下：销售额＝（全部价款和价外费用—当期允许扣除的土地价款）÷（1+11%）。当期允许扣除的土地价款＝（当期销售房地产项目建筑面积 ÷ 房地产项目可供销售建筑面积）× 支付的土地价款

当期销售房地产项目建筑面积，是指当期进行纳税申报的增值税销售额对应的建筑面积。

⑩ 根据国家税务总局公告 2014 年第 36 号第五条规定，将《国家税务总局关于一般纳税人销售自己使用过的固定资产增值税有关问题的公告》(国家税务总局公告 2012 年第 1 号）中“可按简易办法依 4% 征收率减半征收增值税”，修改为“可按简易办法依 3% 征收率减按 2% 征收增值税”。

4.2.1.3 附列资料（二）填表方法解析

附列资料（二）主要变化在于增加了与不动产抵扣政策相关的第9栏与第10栏。该表主要分为四个部分，大多纳税都涉及并且仅涉及第一部分“申报抵扣的进项税额”的填写，该表填报方式并不复杂，但此表却是企业在进行首次申报时错误率最高的表格，应重点关注。具体填写方式如表4-4所示。

4.2.1.4 附列资料（三）填表方法解析

附列资料（三）由服务、不动产和无形资产有扣除项目的营业税改征增值税纳税人填写。其他纳税人不填写。房地产企业的扣除项目仅指按规定可以扣除的土地出让金。按照18号公告规定，房地产开发企业中的一般纳税人销售自行开发的房地产项目，适用一般计税方法计税，按照取得的全部价款和价外费用，扣除当期销售房地产项目对应的土地价款后的余额计算销售额。因此，仅适用一般计税方法的房地产项目才允许扣除土地出让金，扣除金额应填入本表第二行“11%税率的项目”中的相关栏次。本表各行反映不同税率或征收率项目的差额扣除情况，重点与难点都集中于列次的填写，详见表4-5所示。

4.2.1.5 附列资料（四）填表方法解析

本表由按规定需预缴增值税的纳税人填报，需预缴增值税的房地产企业填列至本表第4行对应栏次，详见表4-6所示。

4.2.1.6 附列资料（五）填表方法解析

本表为新增表格，主要反映当期不动产进项税额的抵扣与待抵扣情况，应按照表内逻辑关系进行填写。详见表4-7所示。

表 4-4　增值税纳税申报表附列资料（二）填报解析表（本期进项税额明细）

一、申报抵扣的进项税额				
项目	栏次	份数	金额	税额
（一）认证相符的增值税专用发票	1=2+3	等于 2，3 栏合计数		
其中：本期认证相符且本期申报抵扣	2	填写本期认证相符且本期申报抵扣的部分。除辅导期纳税人，企业所属期内认证的全部发票都应填列此行。按规定取消认证的企业应将其在增值税发票平台上勾选的进项税额填列于此 例如：某企业（非辅导期）所属期按一般计税方法计算销项税额 80 万元，认证增值税专用发票上注明进项税额为 100 万元，在此进项税额必须填写 100 万元，进项超过销项的 20 万元申报系统会自动计算成“期末留抵税额”，可结转以后申报期内抵扣。企业若仅填写 80 万元，而将剩余 20 万元填至待抵扣栏次，则剩下 20 万元无法再进行抵扣，对企业将造成不可挽回的损失		
前期认证相符且本期申报抵扣	3	仅辅导期纳税人填写[①]		
（二）其他扣税凭证	4=5+6+7+8	等于 5，6，7，8 栏合计数		
其中：海关进口增值税专用缴款书	5	依据税务机关告知的稽核比对结果通知书及明细清单注明的稽核相符的海关进口增值税专用缴款书		
农产品收购发票或者销售发票	6	本期申报抵扣的农产品收购发票和农产品销售普通发票。现有部分地区已全面推开农产品核定扣除，试点地区锁定了该栏次的填写，仅能按照税务机关核定的扣除比例进行扣除		
代扣代缴税收缴款凭证	7	按规定准予抵扣的完税凭证，如为境外建筑设计提供者代扣代缴增值税款时取得的完税凭证。该完税凭证仅允许应税服务购买方进行抵扣		
其他	8	按规定本期可以申报抵扣的其他扣税凭证情况，主要包括以下两项： ①纳税人按照规定不得抵扣且未抵扣进项税额的固定资产、无形资产、不动产，发生用途改变，用于允许抵扣进项税额的应税项目，可在用途改变的次月将按公式计算出的可以抵扣的进项税额，填入“税额”栏。 ②增值税一般纳税人支付道路、桥、闸通行费，按照政策规定，以取得的通行费发票（不含财政票据）上注明的收费金额计算的可抵扣进项税额		
（三）本期用于购建不动产的扣税凭证	9	按规定本期用于购建不动产并适用分 2 年抵扣规定的扣税凭证上注明的金额和税额。[②]等于附列资料（五）第 2 列		

（四）本期不动产允许抵扣进项税额	10	按规定本期实际申报抵扣的不动产进项税额。等于附列资料（五）第 3 列
（五）外贸企业进项税额抵扣证明	11	填写本期申报抵扣的税务机关出口退税部门开具的《出口货物转内销证明》列明允许抵扣的进项税额。仅出口企业填写
当期申报抵扣进项税额合计	12=1+4−9+10+11	反映本期申报抵扣进项税额的合计数。按表中所列公式计算填写。等于主表第 12 行的“本月数”
		二、进项税额转出额
项目	**栏次**	**税额**
本期进项税额转出额	13=14 至 23 之和	反映已经抵扣但按规定应在本期转出的进项税额合计数。按表中所列公式计算填写。等于主表第 13 行“一般项目”和“即征即退”的“本月数”合计
其中：免税项目用	14	用于免征增值税项目，按规定应在本期转出的进项税额
集体福利、个人消费	15	用于集体福利或者个人消费，按规定应在本期转出的进项税额
非正常损失	16	发生非正常损失，按规定应在本期转出的进项税额
简易计税方法征税项目用	17	反映用于按简易计税方法征税项目，按规定应在本期转出的进项税额
免抵退税办法不得抵扣的进项税额	18	反映按照免、抵、退税办法的规定，由于征税税率与退税税率存在税率差，在本期应转出的进项税额。仅出口企业填写。（房地产企业一般不涉及）
纳税检查调减进项税额	19	反映税务、财政、审计部门检查后而调减的进项税额
红字专用发票信息表注明的进项税额	20	填写主管税务机关开具的《开具红字增值税专用发票信息表》注明的在本期应转出的进项税额。**红字发票切勿进行认证**
上期留抵税额抵减欠税	21	填写本期经税务机关同意，使用上期留抵税额抵减欠税的数额
上期留抵税额退税	22	填写本期经税务机关批准的上期留抵税额退税额
其他应作进项税额转出的情形	23	反映除上述进项税额转出情形外，其他应在本期转出的进项税额

（续）

三、待抵扣进项税额				
项目	栏次	份数	金额	税额
（一）认证相符的增值税专用发票	24	本栏不填写		
期初已认证相符但未申报抵扣	25	反映前期认证相符，但按照税法规定暂不予抵扣及不允许抵扣[3]，结存至本期的增值税专用发票情况。一般为辅导期纳税人填写，反映其认证相符但未收到稽核比对结果的增值税专用发票期初情况。（房地产企业一般不涉及）		
本期认证相符且本期未申报抵扣	26	反映本期认证相符，但按税法规定暂不予抵扣及不允许抵扣，而未申报抵扣的增值税专用发票情况。注：根据税务管理实际，为防范税收风险，建议企业将取得的增值税专用发票全部进行认证（按规定已取消认证的纳税人全部进行勾选），并将按税法规定不允许抵扣的项目填入此行 辅导期纳税人填写本期认证相符但未收到稽核比对结果的增值税专用发票情况		
期末已认证相符但未申报抵扣	27	反映截至本期期末，按照税法规定仍暂不予抵扣及不允许抵扣且已认证相符的增值税专用发票情况 辅导期纳税人填写截至本期期末已认证相符但未收到稽核比对结果的增值税专用发票期末情况		
其中：按照税法规定不允许抵扣	28	反映截至本期期末已认证相符但未申报抵扣的增值税专用发票中，按照税法规定不允许抵扣的增值税专用发票情况		
（二）其他扣税凭证	29=30 至 33 之和	反映截至本期期末仍未申报抵扣的除增值税专用发票之外的其他扣税凭证情况。具体包括：海关进口增值税专用缴款书、农产品收购发票或者销售发票、代扣代缴税收完税凭证和其他符合政策规定的抵扣凭证。该栏应等于第 30 ～ 33 栏之和		
其中：海关进口增值税专用缴款书	30	反映已取得但截至本期期末仍未申报抵扣的海关进口增值税专用缴款书情况，包括纳税人未收到稽核比对结果的海关进口增值税专用缴款书情况		
农产品收购发票或者销售发票	31	反映已取得但截至本期期末仍未申报抵扣的农产品收购发票和农产品销售普通发票情况		
代扣代缴税收缴款凭证	32	反映已取得但截至本期期末仍未申报抵扣的代扣代缴税收完税凭证情况		
其他	33	反映已取得但截至本期期末仍未申报抵扣的其他扣税凭证的情况		
	34			

四、其他				
项目	栏次	份数	金额	税额
本期认证相符的增值税专用发票	35	反映本期认证相符的增值税专用发票的情况		
代扣代缴税额	36	填写纳税人根据《中华人民共和国增值税暂行条例》第十八条扣缴的应税劳务增值税额与根据营业税改征增值税有关政策规定扣缴的服务、不动产和无形资产增值税额之和		

① 辅导期纳税人：新认定为一般纳税人的小型商贸批发企业实行纳税辅导管理的期限为 3 个月；其他的一般纳税人实行纳税辅导管理的期限为 6 个月。其他一般纳税人实行辅导期管理主要是指具有下列情形之一的一般纳税人：（1）增值税偷税数额占应纳税额的 10% 以上且数额在 10 万元以上；（2）骗取出口退税的；（3）虚开增值税扣税凭证的；（4）国家税务总局规定的其他情形。

② 按照财税〔2016〕36 号文件规定，“适用一般计税方法的试点纳税人，2016 年 5 月 1 日后取得并在会计制度上按固定资产核算的不动产或者 2016 年 5 月 1 日后取得的不动产在建工程，其进项税额应自取得之日起分 2 年从销项税额中抵扣，第一年抵扣比例为 60%，第二年抵扣比例为 40%。

③ 根据财税〔2016〕36 号文件规定，下列项目的进项税额不得从销项税额中抵扣：

（一）用于简易计税方法计税项目、免征增值税项目、集体福利或者个人消费的购进货物、加工修理修配劳务、服务、无形资产和不动产。其中涉及的固定资产、无形资产、不动产，仅指专用于上述项目的固定资产、无形资产（不包括其他权益性无形资产）、不动产。

纳税人的交际应酬消费属于个人消费。

（二）非正常损失的购进货物，以及相关的加工修理修配劳务和交通运输服务。

（三）非正常损失的在产品、产成品所耗用的购进货物（不包括固定资产）、加工修理修配劳务和交通运输服务。

（四）非正常损失的不动产，以及该不动产所耗用的购进货物、设计服务和建筑服务。

（五）非正常损失的不动产在建工程所耗用的购进货物、设计服务和建筑服务。

纳税人新建、改建、扩建、修缮、装饰不动产，均属于不动产在建工程。

（六）购进的旅客运输服务、贷款服务、餐饮服务、居民日常服务和娱乐服务。

（七）财政部和国家税务总局规定的其他情形。

表 4-5　增值税纳税申报表附列资料（三）填报解析表

（服务、不动产和无形资产扣除项目明细）

项目及栏次		本期服务、不动产和无形资产价税合计额（免税销售额）	服务、不动产和无形资产扣除项目				
			期初余额	本期发生额	本期应扣除金额	本期实际扣除金额	期末余额
		1	2	3	4=2+3	5（5 ≤ 1 且 5 ≤ 4）	6=4−5
17% 税率的项目	1	填写扣除之前的本期服务、不动产和无形资产价税合计额；营业税改征增值税的服务、不动产和无形资产属于免抵退税或免税项目的，填写扣除之前的本期服务、不动产和无形资产免税销售额 房地产企业按规定可扣除土地出让金的，本列第 2 行等于附列资料（一）11 列第 4 行	填写服务、不动产和无形资产扣除项目上期期末结存的金额，试点实施之日的税款所属期填写“0”。本列各行次等于上期附列资料（三）第 6 列对应行次	填写本期取得的按税法规定准予扣除的服务、不动产和无形资产扣除项目金额 房地产企业本栏当期允许扣除的土地价款 =（当期销售房地产项目建筑面积 ÷ 房地产项目可供销售建筑面积）× 支付的土地价款	填写服务、不动产和无形资产扣除项目本期应扣除的金额	填写服务、不动产和无形资产扣除项目本期实际扣除的金额	填写服务、不动产和无形资产扣除项目本期期末结存的金额
11% 税率的项目	2						
6% 税率的项目（不含金融商品转让）	3						
6% 税率的金融商品转让项目	4						
5% 征收率的项目	5						
3% 征收率的项目	6						
免抵退税的项目	7						
免税的项目	8						

表 4-6 增值税纳税申报表附列资料（四）填报解析表

（税额抵减情况表）

序号	抵减项目	期初余额	本期发生额	本期应抵减税额	本期实际抵减税额	期末余额
		1	2	3=1+2	4 ≤ 3	5=3−4
1	增值税税控系统专用设备费及技术维护费	反映纳税人增值税税控系统专用设备费用和技术维护费（以下简称 2 项费用）按规定抵减增值税应纳税额的情况。[①]企业选择抵减费用后，其取得的 2 项费用对应的增值税专用发票不作为增值税抵扣凭证，不得认证抵扣。若是认证抵扣，则不得进行税额抵减，故企业切勿将 2 项费用增值税专用发票进行认证抵扣				
2	分支机构预征缴纳税款	实行汇总计算缴纳增值税的总机构填写，反映其分支机构预征缴纳税款抵减总机构应纳增值税税额的情况				
3	建筑服务预征缴纳税款	由销售建筑服务并按规定预缴增值税的纳税人填写，反映其销售建筑服务预征缴纳税款抵减应纳增值税税额的情况				
4	销售不动产预征缴纳税款	由销售不动产并按规定预缴增值税的纳税人填写，反映其销售不动产预征缴纳税款抵减应纳增值税税额的情况				
5	出租不动产预征缴纳税款	由出租不动产并按规定预缴增值税的纳税人填写，反映其出租不动产预征缴纳税款抵减应纳增值税税额的情况				

① 按照《财政部 国家税务总局关于增值税税控系统专用设备和技术维护费用抵减增值税税额有关政策的通知》规定，自 2011 年 12 月 1 日起，增值税纳税人购买增值税税控系统专用设备支付的费用以及缴纳的技术维护费可在增值税应纳税额中全额抵减。增值税防伪税控系统的专用设备包括金税卡、IC 卡、读卡器或金税盘和报税盘。

表 4-7 增值税纳税申报表附列资料（五）填报解析表

（不动产分期抵扣计算表）

期初待抵扣不动产进项税额	本期不动产进项税额增加额	本期可抵扣不动产进项税额	本期转入的待抵扣不动产进项税额	本期转出的待抵扣不动产进项税额	期末待抵扣不动产进项税额
1	2	3 ≤ 1+2+4	4	5 ≤ 1+4	6=1+2−3+4−5
填写纳税人上期期末待抵扣不动产进项税额	填写本期取得的符合税法规定的不动产进项税额	填写符合税法规定可以在本期抵扣的不动产进项税额	填写按照税法规定本期应转入的待抵扣不动产进项税额	填写按照税法规定本期应转出的待抵扣不动产进项税额	填写本期期末尚未抵扣的不动产进项税额，按表中公式填写

4.2.1.7 固定资产（不含不动产）进项税额抵扣情况表填表方法解析

本表反映纳税人在附列资料（二）第一部分“申报抵扣的进项税额”中

固定资产的进项税额。本表按增值税专用发票、海关进口增值税专用缴款书分别填写，详见表 4-8。

表 4-8　固定资产（不含不动产）进项税额抵扣情况表填报解析表

项目	当期申报抵扣的固定资产进项税额	申报抵扣的固定资产进项税额累计
增值税专用发票	据实填写	据实填写
海关进口增值税专用缴款书	据实填写	据实填写
合计	据实填写	据实填写

4.2.1.8　本期抵扣进项税额结构明细表填表方法解析

该表是营改增扩围之后新增表格，要求企业填写其抵扣的不同税率的进项税额，详见表 4-9。

表 4-9　本期抵扣进项税额结构明细表填报解析表

<table>
<tr><th>项目</th><th>栏次</th><th>金额</th><th>税额</th></tr>
<tr><td>合计</td><td>1=2+4+5+11+16+18+27+29+30</td><td>按表中所列公式计算填写，等于附列资料（二）“金额”列第 12 栏—第 10 栏—第 11 栏</td><td>按表中所列公式计算填写，等于附列资料（二）“税额”列第 12 栏—第 10 栏--第 11 栏</td></tr>
<tr><td colspan="4">一、按税率或征收率归集（不包括购建不动产、通行费）的进项</td></tr>
<tr><td>17% 税率的进项</td><td>2</td><td colspan="2" rowspan="15">反映纳税人按税法规定符合抵扣条件，在本期申报抵扣的不同税率（或征收率）的进项税额，不包括用于购建不动产的允许一次性抵扣和分期抵扣的进项税额，以及纳税人支付的道路、桥、闸通行费，取得的增值税扣税凭证上注明或计算的进项税额
纳税人执行农产品增值税进项税额核定扣除办法的，按照农产品增值税进项税额扣除率所对应的税率，将计算抵扣的进项税额填入相应栏次</td></tr>
<tr><td>其中：有形动产租赁的进项</td><td>3</td></tr>
<tr><td>13% 税率的进项</td><td>4</td></tr>
<tr><td>11% 税率的进项</td><td>5</td></tr>
<tr><td>其中：运输服务的进项</td><td>6</td></tr>
<tr><td>电信服务的进项</td><td>7</td></tr>
<tr><td>建筑安装服务的进项</td><td>8</td></tr>
<tr><td>不动产租赁服务的进项</td><td>9</td></tr>
<tr><td>受让土地使用权的进项</td><td>10</td></tr>
<tr><td>6% 税率的进项</td><td>11</td></tr>
<tr><td>其中：电信服务的进项</td><td>12</td></tr>
<tr><td>金融保险服务的进项</td><td>13</td></tr>
<tr><td>生活服务的进项</td><td>14</td></tr>
<tr><td>取得无形资产的进项</td><td>15</td></tr>
<tr><td>5% 征收率的进项</td><td>16</td></tr>
</table>

（续）

项目	栏次	金额	税额
其中：不动产租赁服务的进项	17	纳税人取得通过增值税发票管理新系统中差额征税开票功能开具的增值税专用发票，按照实际购买的服务、不动产或无形资产对应的税率或征收率，将扣税凭证上注明的税额填入对应栏次	
3% 征收率的进项	18		
其中：货物及加工、修理修配劳务的进项	19		
运输服务的进项	20		
电信服务的进项	21		
建筑安装服务的进项	22		
金融保险服务的进项	23		
有形动产租赁服务的进项	24		
生活服务的进项	25		
取得无形资产的进项	26		
减按 1.5% 征收率的进项	27	反映纳税人租入个人住房，本期申报抵扣的减按 1.5% 征收率的进项税额	
	28		
二、按抵扣项目归集的进项			
用于购建不动产并一次性抵扣的进项	29	反映纳税人用于购建不动产允许一次性抵扣的进项税额 购建不动产允许一次性抵扣的进项税额，是指纳税人用于购建不动产时，发生的允许抵扣且不适用分期抵扣政策的进项税额	
通行费的进项	30	反映纳税人支付道路、桥、闸通行费，取得的增值税扣税凭证上注明或计算的进项税额	

4.2.2 增值税预缴税款表填写解析

本表适用于纳税人发生以下情形按规定在国税机关预缴增值税时填写：

（1）纳税人（不含其他个人）跨县（市）提供建筑服务。

（2）房地产开发企业预售自行开发的房地产项目。

（3）纳税人（不含其他个人）出租与机构所在地不在同一县（市）的不动产。

具体填写方式详见表 4-10。

表 4-10 增值税预缴税款表填报解析表

项目编号	由异地提供建筑服务的纳税人和房地产开发企业填写建筑工程施工许可证上的编号，根据相关规定不需要申请建筑工程施工许可证的建筑服务项目或不动产开发项目，不需要填写。出租不动产业务无须填写		项目名称	填写建筑服务或者房地产项目的名称。出租不动产业务不需要填写	
项目地址	填写建筑服务项目、房地产项目或出租不动产的具体地址				
预征项目和栏次		销售额	扣除金额	预征率	预征税额
		1	2	3	4
建筑服务	1	填写纳税人跨县（市）提供建筑服务取得的全部价款和价外费用（含税）	填写跨县（市）提供建筑服务项目按照规定准予从全部价款和价外费用中扣除的金额（含税）	填写跨县（市）提供建筑服务项目对应的预征率或者征收率	填写按照规定计算的应预缴税额
销售不动产	2	填写本期收取的预收款（含税），包括在取得预收款当月或主管国税机关确定的预缴期取得的全部预收价款和价外费用	房地产开发企业不需填写	房地产开发企业预征率为 3%	填写按照规定计算的应预缴税额。一般纳税人本栏等于申报表附列资料（四）第 4 行“销售不动产预征缴纳税款”第 2 列“本期发生额”
出租不动产	3	填写纳税人出租不动产取得全部价款和价外费用（含税）	无须填写	填写纳税人预缴增值税适用的预征率或者征收率	填写按照规定计算的应预缴税额
合计					

4.2.3 营改增税负分析测算明细表填写解析

30 号公告规定了在增值税纳税申报其他资料中增加营改增税负分析测算明细表，部分从事建筑、房地产、金融或生活服务等经营业务的增值税一般纳税人在办理增值税纳税申报时填报，具体名单由主管税务机关确定。该表各行根据纳税人实际发生业务分项目填写。填表解析仅针对房地产企业发生销售不动产收入时的税负情况（见表 4-11）

解析：

（1）反映纳税人当期对应项目不含税的销售额（含即征即退项目），房地产企业该栏等于附列资料（一）第 4 行第 9 列与第 9b 行第 9 列之和。

（2）按表中公式计算。房地产企业该栏等于附列资料（一）第 4 行第 10 列与第 9b 行第 10 列之和。

（3）按表中公式计算。

（4）房地产企业该栏等于附列资料（三）第 5 行第 5 列。

（5）按表中公式计算。

（6）房地产企业该栏等于附列资料（一）第 4 行第 14 列与第 9b 行第 14 列之和。

（7）仅有不动产销售业务的房地产企业该栏等于主表第 19 行“本月数”与 21 行“本月数”之和。

（8）营改增前房地产企业营业税计税收入不得扣除支付的土地出让金，因此房地产企业该部分栏次都填写“0”。

（9）按表中公式计算。

（10）按表中公式计算。

表 4-11　营改增税负分析测算明细表

项目及栏次			增值税							营业税						
			不含税销售额	销项（应纳）税额	价税合计	服务、不动产和无形资产扣除项目本期实际扣除金额	扣除后		增值税应纳税额（测算）	原营业税税制下服务、不动产和无形资产差额扣除项目					应税营业额	营业税应纳税额
							含税销售额	销项（应纳）税额		期初余额	本期发生额	本期应扣除金额	本期实际扣除金额	期末余额		
应税项目代码及名称	增值税税率或征收率	营业税税率	1	2=1×增值税税率或征收率	3=1+2	4	5=3−4	6=5÷（100%+增值税税率或征收率）×增值税税率或征收率	7	8	9	10=8+9	11（11≤3且11≤10）	12=10−11	13=3−11	14=13×营业税税率
合计	—	—	（1）	（2）	（3）	（4）	（5）	（6）	（7）	（8）					（9）	（10）

4.2.4 全周期增值税申报填写示例

案例背景：甲房地产开发企业是增值税一般纳税人。2015 年 4 月以 570 000 万元价格通过“招拍挂”方式取得国有土地使用权，并取得政府部门开具的缴纳土地出让金的非税收入缴款书。

该地块占地面积 65 000m^2，总建设规模 240 000m^2，企业分两期进行项目开发建设。

其中一期占地面积 17 000m^2，于 2015 年 11 月取得建筑工程施工许可证，建筑工程施工许可证上注明的建设规模为 90 000m^2，一期 2016 年 6 月开盘销售，2018 年 6 月房屋达到交付使用条件，项目一期选择适用简易计税方法。

二期占地面积 48 000m^2，于 2016 年 5 月取得建筑工程施工许可证，建筑工程施工许可证上注明的建设规模为 150 000 m^2，二期 2017 年 2 月开盘销售，2019 年 1 月房屋达到交付使用条件，项目二期选择适用一般计税方法。

下面就上述案例，讲解甲房地产开发企业全开发周期纳税申报表及其附列资料填写示例。

4.2.4.1 获取土地使用权的申报填写

房地产企业在获得土地使用权时不需要将相关数据填入申报表。按照 18 号公告规定，房地产开发企业中的一般纳税人销售自行开发的房地产项目，适用一般计税方法计税，按照取得的全部价款和价外费用，扣除当期销售房地产项目对应的土地价款后的余额计算销售额。因此，房地产企业仅在销售阶段才涉及土地价款申报扣除。

4.2.4.2 房地产开发建设阶段申报填写

房地产开发建设阶段，企业适用一般计税方法的允许抵扣其进项税额，在该环节没有销售收入的取得。涉及表格：主表、附列资料（二）、附列资料

（五）、固定资产（不含不动产）进项税额抵扣情况表、本期抵扣进项税额结构明细表。填写顺序如图 4-1 所示。

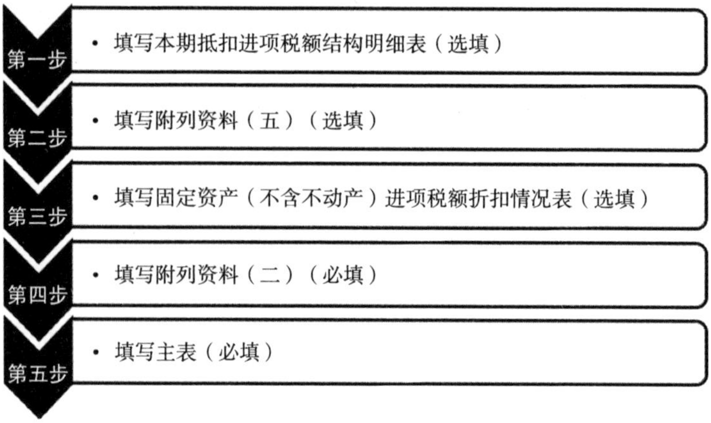

图 4-1　房地产开发建设阶段增值税申报填写顺序

例 4-1　甲房地产开发企业在开发建设阶段发生下列经济业务

1. 购入固定资产。

甲房地产开发企业 2016 年 7 月采购办公电脑 20 台，每台电脑不含税价格 1 万元，共计支出价税合计 23.4 万元，进项税额 3.4 万元，当月取得增值税专用发票并扫描认证通过。

解析　甲房地产开发企业采购的固定资产既用于适用简易计税方法的一期，也用于适用一般计税方法的二期，故进项税额 3.4 万元全部允许当期抵扣。该数据标注为“① 34 000”填入相关栏次。

2. 接受应税服务

甲房地产开发企业 2016 年 7 月支付乙企业样板间设计咨询费价税合计 106 万元，进项税额 6 万元，当月取得增值税专用发票并扫描认证通过。

解析　房地产企业支付的样板间设计咨询费对应的进项税额允许抵扣，可抵扣金额为 6 万元。该数据标注为“② 60 000”填入相关栏次。

3. 与建设单位结算工程款

甲房地产开发企业预算合约部提交产值资料显示，与乙建设单位结算2016年7月建筑安装工程产值120万元（不含税价，无法合理划分一期与二期的产值占比），提交企业相关部门审核后实际支付111万元（价款100万元，增值税额11万元），付款当月取得增值税专用发票并扫描认证通过。

解析 根据《房地产开发企业销售自行开发的房地产项目增值税征收管理暂行办法》，一般纳税人销售自行开发的房地产项目，兼有一般计税方法计税、简易计税方法计税、免征增值税的房地产项目而无法划分不得抵扣的进项税额的，应以建筑工程施工许可证注明的“建设规模”为依据进行划分。

案例背景中已知项目总建设规模24 000m^2，一期建筑工程施工许可证上注明的建设规模为90 000m^2，故一期不允许抵扣的进项税额=11×（90 000÷240 000）=4.125（万元），该数据标注为“③ 41 250”填入不允许抵扣的相关栏次；允许抵扣的进项税额=11−4.13=6.875（万元），该数据标注为“③ 68 750”填入允许抵扣的相关栏次。

4. 支付贷款利息及相关费用

甲房地产开发企业2016年6月向银行支付2016年二季度贷款利息1 000万元（符合资本化条件），支付该笔贷款的融资顾问费10万元，增值税额0.6万元。同月向银行支付日常理财顾问费1万元，增值税额0.06万元。上述业务均取得增值税专用发票并扫描认证通过。

解析 根据《营业税改征增值税试点有关事项的规定》，纳税人接受贷款服务向贷款方支付的与该笔贷款直接相关的投融资顾问费、手续费、咨询费等费用，其进项税额不得从销项税额中抵扣。

因此，本项中融资顾问费进项税额0.6万元不允许抵扣，该数据标注为“④ 6 000”填入不允许抵扣相关栏次；日常理财顾问费进项税额0.06万元允许抵扣，该数据标注为“④ 600”填入允许抵扣相关栏次。

1. 填写本期抵扣进项税额结构明细表（见表 4-12）

表 4-12　本期抵扣进项税额结构明细表

项目	栏次	金额	税额
合计	1=2+4+5+11+16+18+27+29+30	1 835 000 等于附列资料（二） 第 12 行“金额”列	163 350 等于附列资料（二） 第 12 行“税额”列
一、按税率或征收率归集（不包括购建不动产、通行费）的进项			
17% 税率的进项	2	200 000	① 34 000
其中：有形动产租赁的进项	3		
13% 税率的进项	4		
11% 税率的进项	5	625 000	③ 68 750
其中：运输服务的进项	6		
电信服务的进项	7		
建筑安装服务的进项	8	625 000	③ 68 750
不动产租赁服务的进项	9		
受让土地使用权的进项	10		
6% 税率的进项	11	1 010 000	② 60 000+ ④ 600
其中：电信服务的进项	12		
金融保险服务的进项	13	10 000	④ 600
……	……	……	……

2. 填写固定资产（不含不动产）进项税额抵扣情况表（见表 4-13）

本例未涉及不动产，因此不填写附列资料（五）。

表 4-13　固定资产（不含不动产）进项税额抵扣情况表

项目	当期申报抵扣的固定资产进项税额	申报抵扣的固定资产进项税额累计
增值税专用发票	① 34 000	
海关进口增值税专用缴款书		
合计	② 34 000	

3. 填写附列资料（二）(见表 4-14）

由于案例中企业取得的抵扣凭证都为增值税专用发票，因此表 4-14 第 2

行“其中：本期认证相符且本期申报抵扣”数据等于本期抵扣进项税额结构明细表第1行“合计”对应栏次。

本表第三部分“待抵扣进项税额”与主表不存在勾稽关系，虽然名称为“待抵扣”，但除辅导期纳税人及申请海关票比对尚未取得稽核结果的纳税人，其他的纳税人此栏填写的内容都为不能抵扣的进项税额，以后也不能再进行抵扣，相关数据并不会结转到下一申报周期。辅导期纳税人及申请海关进口增值税专用缴款书比对尚未取得稽核结果的纳税人按规定在其允许抵扣的申报期内将相关数据转至本表第一部分“申报抵扣的进项税额”第3行“前期认证相符且本期申报抵扣”。

表4-14　增值税纳税申报表附列资料（二）
（本期进项税额明细）

一、申报抵扣的进项税额				
项目	栏次	份数	金额	税额
（一）认证相符的增值税专用发票	1=2+3		1 835 000	163 350
其中：本期认证相符且本期申报抵扣	2		1 835 000	163 350
前期认证相符且本期申报抵扣	3		0	0
⋮	⋮	⋮	⋮	⋮
当期申报抵扣进项税额合计	12=1+4−9+10+11		1 835 000	163 350 等于主表第12行“进项税额”“本月数”
三、待抵扣进项税额				
项目	栏次	份数	金额	税额
⋮ ⋮	⋮	⋮		⋮
本期认证相符且本期未申报抵扣	26	47 250 （③ 41 250+ ④ 6 000=47 250）		
期末已认证相符但未申报抵扣	27	47 250 （③ 41 250+ ④ 6 000=47 250）		
其中：按照税法规定不允许抵扣	28	47 250 （③ 41 250+ ④ 6 000=47 250）		

4. 填写主表（见表 4-15）

表 4-15 增值税纳税申报表

（一般纳税人适用）

项目		栏次	一般项目		即征即退项目	
			本月数	本年累计	本月数	本年累计
⋮			⋮	⋮	⋮	⋮
	进项税额	12	163 350			
⋮			⋮	⋮	⋮	⋮

4.2.4.3 房地产预售阶段申报填写

房地产企业预售阶段需要填列的表单包括两项：增值税预缴税款表和附列资料（四）。

例 4–2 甲房地产开发企业在预售阶段发生下列经济业务

甲房地产开发企业于 2017 年 3 月与 A、B 客户签订购房合同，当月收取 A 客户一期房屋款项 300 万元，收取 B 客户二期房屋款项 400 万元，并于当月开具收据。

解析 根据《营业税改征增值税试点实施办法》《房地产开发企业销售自行开发的房地产项目增值税征收管理暂行办法》，一般纳税人采取预收款方式销售自行开发的房地产项目，应在收到预收款时按照 3% 的预征率预缴增值税。一般纳税人应在取得预收款的次月纳税申报期向主管国税机关预缴税款。预收款包括分期取得的预收款（首付 + 按揭 + 尾款）、全款取得的预收款以及定金。

案例背景中已知项目一期适用简易计税方法，项目二期适用一般计税方法，故本例中甲房地产开发企业一期应预缴的增值税 =[300 ÷（1+5%）]× 3%=8.57（万元），二期应预缴的增值税 =[400 ÷（1+11%）]× 3%=10.81（万元），合计预缴增值税 19.38 万元。

1. 填写增值税预缴税款表（见表 4-16）

表 4-16 增值税预缴税款表

预征项目和栏次		销售额	扣除金额	预征率	预征税额
		1	2	3	4
建筑服务	1				
销售不动产	2	7 000 000 （4000 000+3 000 000）	0	3%	19 382 本栏等于申报表附列资料(四)第4行“销售不动产预征缴纳税款”第2列“本期发生额”
出租不动产	3				
	4				
	5				
合计	6	7 000 000			19 382

2. 填写附列资料（四）(见表 4-17）

表 4-17 增值税纳税申报表附列资料（四）

（税额抵减情况表）

序号	抵减项目	期初余额	本期发生额	本期应抵减税额	本期实际抵减税额	期末余额
		1	2	3=1+2	4 ≤ 3	5=3−4
1	增值税税控系统专用设备费及技术维护费					
2	分支机构预征缴纳税款					
3	建筑服务预征缴纳税款					
4	**销售不动产预征缴纳税款**	0	19 382	19 382	0	19 382
5	出租不动产预征缴纳税款					

4.2.4.4 房屋交付阶段申报填写

房屋交付是房地产企业完成销售的标志，只有进行交付才算是最终完成销售。房地产企业在房屋交付阶段涉及的报表范围很广，可能涵盖除增值税减免税申报明细表外的所有表格，其中与销售直接相关的表格包括：主表、附列资料（一)、附列资料（三)、附列资料（四)。

例 4-3 截至 2018 年 12 月 31 日，甲房地产开发企业已认证留抵的进项税额 15 000 万元。项目待抵减的已预缴增值税 22 000 万元。

2019 年 1 月二期交付房屋建筑面积共计 100 000m²，二期可以出售的总建筑面积 150 000m²，确认销售收入 700 000 万元；一期交付房屋建筑面积共计 500m²，交付的房屋 2018 年 12 月 31 日前已收齐全部价款及价外费用，共计 3 500 万元。甲房地产开发企业交付当月都向购房人开具了增值税专用发票。当月未发生其他经济业务。

解析 该案例涉及的重难点包括：①土地出让金的扣除填报；②一般计税与简易计税销售金额及销项（应纳）税额填报；③留抵税额抵扣填报；④预缴税款抵减填报。

1. 土地出让金的扣除

项目二期土地出让金 = 土地出让金 ×（项目二期占地面积 ÷ 项目总占地面积）=570 000×（48 000÷65 000）= 420 923.08（万元）

当期允许扣除的土地价款 =（当期销售房地产项目建筑面积 ÷ 房地产项目可供销售建筑面积）× 支付的土地价款 =（100 000÷150 000）× 420 923.08=280 615.39（万元）

2. 一般计税与简易计税销售金额及税额计算

一般计税销售额（差额征税前）=700 000÷（1+11%）=630 630.63（万元）

一般计税销项税额（差额征税后）=（700 000−280 615.39）÷（1+11%）× 11%=41 560.64（万元）（280 615.39 万元为当期可以扣除的土地价款）

简易计税销售额 =3 500÷（1+5%）=3 333.33（万元）

简易计税应纳税额 =3 333.33×5%=166.67（万元）

3. 留抵税额抵扣

期初留抵税额 15 000 万元，小于当期销项税额 41 560.64 万元，可全额抵扣进项税额。

4. 预缴税款抵减

将当期可抵缴税额与当期应纳税额合计数比较，当期实际抵缴税额为两者较小值，不足抵减的可结转至下期继续抵缴。

企业当期应纳税额合计 =41 560.64−15 000+166.67=26 727.31（万元）

当期可抵缴税额 =22 000（万元）

当期实际抵缴税额 =min（当期应纳税额合计，当期可抵缴税额）= 22 000（万元）

本例涉及主表、附列资料（一）、附列资料（三）、附列资料（四）。由于本例数值较大，因此填写过程中以“万元”为单位。填写顺序如下：

1. 填写附列资料（四）（见表 4-18）

表 4-18 增值税纳税申报表附列资料（四）

（税额抵减情况表）

序号	抵减项目	期初余额	本期发生额	本期应抵减税额	本期实际抵减税额	期末余额
		1	2	3=1+2	4 ≤ 3	5=3−4
1	增值税税控系统专用设备费及技术维护费					
2	分支机构预征缴纳税款					
3	建筑服务预征缴纳税款					
4	销售不动产预征缴纳税款	22 000	0	22 000	22 000 等于主表第 28 行“分次预缴税额”	0
5	出租不动产预征缴纳税款					

2. 填写附列资料（三）（见表 4-19）

房地产企业一般计税项目税率为 11%，简易计税项目征收率为 5%，仅一般计税项目可扣除土地出让金，因此房地产企业本表仅填写第 2 行“11% 税率的项目”，以万元为单位。

表 4-19　增值税纳税申报表附列资料（三）

（服务、不动产和无形资产扣除项目明细）

项目及栏次		本期服务、不动产和无形资产价税合计额（免税销售额）	服务、不动产和无形资产扣除项目				
			期初余额	本期发生额	本期应扣除金额	本期实际扣除金额	期末余额
		1	2	3	4=2+3	5（5≤1且5≤4）	6=4−5
17% 税率的项目	1						
11% 税率的项目	2	700 000	0	280 615.39	280 615.3	280 615.39	0

3. 填写附列资料（一），以万元为单位（见表 4−20）

4. 填写主表，以万元为单位（见表 4−21）

4.2.5　特殊事项申报填写示例

4.2.5.1　购入不动产分期抵扣申报填写

例 4−4　2016 年 6 月 5 日，A 房地产纳税人购进办公大楼一座，该大楼用于公司办公经营，计入固定资产，并于次月开始计提折旧。6 月 20 日，该纳税人取得该大楼增值税专用发票并认证相符，专用发票注明税额 1 000 万元。

解析　根据《关于全面推开营业税改征增值税试点的通知》（财税〔2016〕36 号）的文件规定，该 1 000 万元进项税额中的 60% 于当期（所属期 2016 年 6 月）抵扣，剩余 40% 于当期的第 13 个月（所属期 2017 年 6 月）抵扣。具体填报方式如下（假设未取得其他进项税额）。

1. 所属期 2016 年 6 月填写示例（见表 4−22 和表 4−23）

2. 所属期 2017 年 6 月填写示例（见表 4−24 和表 4−25）

表 4-20　增值税纳税申报表附列资料（一）

（本期销售情况明细）

项目及栏次				开具增值税专用发票		合计			服务、不动产和无形资产扣除项目本期实际扣除金额	扣除后	
				销集额	销项（应纳）税额	销集额	销项（应纳）税额	价税合计		含税（免税）销售额	销项（应纳）税额
				1	2	9=1+3+5+7	10=2+4+6+8	11=9+10	12	13=11−12	14=13÷（100%+税率或征收率）×税率或征收率
一、一般计税方法计税	全部征税项目	17%税率的货物及加工修理修配劳务	1					—	—	—	—
		17%税率的服务、不动产和无形资产	2								
		13%税率	3					—	—	—	—
		11%税率	4	630 630.63	69 369.37	630 630.63	69 369.37	700 000	280 615.39	419 384.61	41 560.64
		6%税率	5								
	其中：即征	即征即退货物及加工修理修配劳务	6	—	—			—	—	—	—
		即征即退服务、不动产和无形资产	7	—	—						
二、简易计税方法计税	全部征税项目	6%征收率	8					—	—	—	—
		5%征收率的货物及加工修理修配劳务	9a					—	—	—	—
		5%征收率的服务、不动产和无形资产	9b	3 333.33	166.67	3 333.33	166.67	3 500			

表 4-21　增值税纳税申报表（一般纳税人适用）

项目		栏次	一般项目 本月数
销售额	（一）按适用税率计税销售额	1	630 630.63
	其中：应税货物销售额	2	
	应税劳务销售额	3	
	纳税检查调整的销售额	4	
	（二）按简易办法计税销售额	5	3 333.33
	其中：纳税检查调整的销售额	6	
	（三）免、抵、退办法出口销售额	7	
	（四）免税销售额	8	
	其中：免税货物销售额	9	
	免税劳务销售额	10	
税款计算	销项税额	11	41 560.64
	进项税额	12	0
	上期留抵税额	13	15 000
	进项税额转出	14	
	免、抵、退应退税额	15	
	按适用税率计算的纳税检查应补缴税额	16	
	应抵扣税额合计	17=12+13−14−15+16	15 000
	实际抵扣税额	18（如 17<11，则为 17，否则为 11）	15 000
	应纳税额	19=11−18	26 560.64
	期末留抵税额	20=17−18	0
	简易计税办法计算的应纳税额	21	166.67
	按简易计税办法计算的纳税检查应补缴税额	22	
	应纳税额减征额	23	
	应纳税额合计	24=19+21−23	26 727.31
税款缴纳	期初未缴税额（多缴为负数）	25	0
	实收出口开具专用缴款书退税额	26	
	本期已缴税额	27=28+29+30+31	22 000
	① 分次预缴税额	28	22 000
	② 出口开具专用缴款书预缴税额	29	
	③ 本期缴纳上期应纳税额	30	0
	④ 本期缴纳欠缴税额	31	
	期末未缴税额（多缴为负数）	32=24+25+26−27	4 727.31
	其中：欠缴税额（≥ 0）	33=25+26−27	
	本期应补（退）税额	34=24−28−29	4 727.31
	⋮　　⋮	⋮　　⋮	⋮

表 4-22 增值税纳税申报表附列资料（五）
（不动产分期抵扣计算表）

期初待抵扣不动产进项税额	本期不动产进项税额增加额	本期可抵扣不动产进项税额	本期转入的待抵扣不动产进项税额	本期转出的待抵扣不动产进项税额	期末待抵扣不动产进项税额
1	2	3 ≤ 1+2+4	4	5 ≤ 1+4	6=1+2−3+4−5
0	10 000 000	6 000 000	0	0	4 000 000

表 4-23 增值税纳税申报表附列资料（二）
（本期进项税额明细）

一、申报抵扣的进项税额				
项目	栏次	份数	金额	税额
（一）认证相符的税控增值税专用发票	1			10 000 000
其中：本期认证相符且本期申报抵扣	2			10 000 000
前期认证相符且本期申报抵扣	3			
（二）其他扣税凭证	4=5+6+7+8			
其中：海关进口增值税专用缴款书	5			
农产品收购发票或者销售发票	6			
代扣代缴税收缴款凭证	7		—	
其他	8			
（三）本期用于购建不动产的扣税凭证	9			10 000 000
（四）本期不动产允许抵扣进项税额	10	—	—	6 000 000
（五）外贸企业进项税额抵扣证明	11	—	—	
当期申报抵扣进项税额合计	12=1+4−9+10+11			6 000 000

表 4-24 增值税纳税申报表附列资料（五）
（不动产分期抵扣计算表）

期初待抵扣不动产进项税额	本期不动产进项税额增加额	本期可抵扣不动产进项税额	本期转入的待抵扣不动产进项税额	本期转出的待抵扣不动产进项税额	期末待抵扣不动产进项税额
1	2	3 ≤ 1+2+4	4	5 ≤ 1+4	6=1+2−3+4−5
4 000 000	0	4 000 000	0	0	0

表 4-25 增值税纳税申报表附列资料（二）
（本期进项税额明细）

一、申报抵扣的进项税额				
项目	栏次	份数	金额	税额
（一）认证相符的税控增值税专用发票	1			
其中：本期认证相符且本期申报抵扣	2			
前期认证相符且本期申报抵扣	3			
（二）其他扣税凭证	4=5+6+7+8			
其中：海关进口增值税专用缴款书	5			
农产品收购发票或者销售发票	6			
代扣代缴税收缴款凭证	7		—	
其他	8			
（三）本期用于购建不动产的扣税凭证	9			
（四）本期不动产允许抵扣进项税额	10	—	—	4 000 000
（五）外贸企业进项税额抵扣证明	11	—	—	
当期申报抵扣进项税额合计	12=1+4−9+10+11			4 000 000

4.2.5.2 购进货物转用于不动产在建工程申报填写

例 4−5 新建不动产过程中领用前期购入并已全额抵扣的货物。2016 年 9 月 10 日，A 公司购入一批外墙瓷砖，取得增值税专用发票并认证相符，专用发票注明的税额为 30 万元；纳税人购进该批瓷砖时未决定是否用于不动产，已进行全额抵扣。11 月 20 日，纳税人将该批瓷砖耗用于新建的综合大楼办公大楼在建工程。

解析 根据《不动产进项税额分期抵扣暂行办法》，该 30 万元进项税额在购进当期全额抵扣，后期耗用时，该 30 万元进项税额中的 40% 应于耗用当期进项转出，并于耗用当期的第 13 个月抵扣。

1. 所属期 2016 年 11 月填写示例（见表 4−26 表 4−27）

2. 所属期 2017 年 11 月填写示例（见表 4−28 和表 4−29）

表 4-26 增值税纳税申报表附列资料（五）

（不动产分期抵扣计算表）

期初待抵扣不动产进项税额	本期不动产进项税额增加额	本期可抵扣不动产进项税额	本期转入的待抵扣不动产进项税额	本期转出的待抵扣不动产进项税额	期末待抵扣不动产进项税额
1	2	3 ≤ 1+2+4	4	5 ≤ 1+4	6=1+2−3+4−5
0	0	0	120 000	0	120 000

表 4-27 增值税纳税申报表附列资料（二）

（本期进项税额明细）

二、进项税额转出额		
项目	栏次	税额
本期进项税额转出额	13=14 至 23 之和	
其中：免税项目用	14	
集体福利、个人消费	15	
非正常损失	16	
简易计税方法征税项目用	17	
免抵退税办法不得抵扣的进项税额	18	
纳税检查调减进项税额	19	
红字专用发票信息表注明的进项税额	20	
上期留抵税额抵减欠税	21	
上期留抵税额退税	22	
其他应作进项税额转出的情形	23	120 000

表 4-28 增值税纳税申报表附列资料（五）

（不动产分期抵扣计算表）

期初待抵扣不动产进项税额	本期不动产进项税额增加额	本期可抵扣不动产进项税额	本期转入的待抵扣不动产进项税额	本期转出的待抵扣不动产进项税额	期末待抵扣不动产进项税额
1	2	3 ≤ 1+2+4	4	5 ≤ 1+4	6=1+2−3+4−5
120 000	0	120 000	0	0	0

表 4-29 增值税纳税申报表附列资料（二）

（本期进项税额明细）

一、申报抵扣的进项税额				
项目	栏次	份数	金额	税额
（一）认证相符的税控增值税专用发票	1			
其中：本期认证相符且本期申报抵扣	2			
前期认证相符且本期申报抵扣	3			
（二）其他扣税凭证	4=5+6+7+8			
其中：海关进口增值税专用缴款书	5			
农产品收购发票或者销售发票	6			
代扣代缴税收缴款凭证	7		—	
其他	8			
（三）本期用于购建不动产的扣税凭证	9			
（四）本期不动产允许抵扣进项税额	10	—	—	120 000
（五）外贸企业进项税额抵扣证明	11	—	—	
当期申报抵扣进项税额合计	12=1+4−9+10+11			120 000

4.2.5.3 已抵扣进项税额的不动产，发生非正常损失或改变用途的申报填写

例 4-6 2016 年 5 月 1 日，A 公司买了一座楼办公用，1 000 万元，进项税额 110 万元。2017 年 4 月，纳税人将办公楼改造成员工食堂，用于集体福利，改变用途时办公楼净值为 800 万元。（假设企业未发生其他进项税额）

解析 企业购入后，按分期抵扣不动产的规定，企业应于 2016 年 5 月抵扣进项税额 66 万元。2017 年 4 月该不动产的净值为 800 万元，不动产净值率就是 80%，不得抵扣的进项税额为 88 万元，大于已抵扣的进项税额 66 万元，按照政策规定，这时应将已抵扣的 66 万元进项税额转出，并在待抵扣进项税额中扣减不得抵扣进项税额与已抵扣进项税额的差额 88−66=22（万元），余额 22（44−22）万元在 2017 年 5 月允许抵扣。

1. 所属期 2016 年 5 月填写示例（见表 4-30 和表 4-31）

表 4-30 增值税纳税申报表附列资料（五）

（不动产分期抵扣计算表）

期初待抵扣不动产进项税额	本期不动产进项税额增加额	本期可抵扣不动产进项税额	本期转入的待抵扣不动产进项税额	本期转出的待抵扣不动产进项税额	期末待抵扣不动产进项税额
1	2	3 ≤ 1+2+4	4	5 ≤ 1+4	6=1+2−3+4−5
0	1 100 000	660 000	0	0	440 000

表 4-31 增值税纳税申报表附列资料（二）

（本期进项税额明细）

一、申报抵扣的进项税额				
项目	栏次	份数	金额	税额
（一）认证相符的税控增值税专用发票	1			
其中：本期认证相符且本期申报抵扣	2			
前期认证相符且本期申报抵扣	3			
（二）其他扣税凭证	4=5+6+7+8			
其中：海关进口增值税专用缴款书	5			
农产品收购发票或者销售发票	6			
代扣代缴税收缴款凭证	7		—	
其他	8			
（三）本期用于购建不动产的扣税凭证	9			1 100 000
（四）本期不动产允许抵扣进项税额	10	—	—	660 000
（五）外贸企业进项税额抵扣证明	11	—	—	
当期申报抵扣进项税额合计	12=1+4−9+10+11			660 000

2. 所属期 2017 年 4 月填写示例（见表 4-32 和表 4-33）

表 4-32 增值税纳税申报表附列资料（五）

（不动产分期抵扣计算表）

期初待抵扣不动产进项税额	本期不动产进项税额增加额	本期可抵扣不动产进项税额	本期转入的待抵扣不动产进项税额	本期转出的待抵扣不动产进项税额	期末待抵扣不动产进项税额
1	2	3 ≤ 1+2+4	4	5 ≤ 1+4	6=1+2−3+4−5
440 000	0	0	220 000	440 000	220 000

表 4-33　增值税纳税申报表附列资料（二）

（本期进项税额明细）

二、进项税额转出额		
项目	栏次	税额
本期进项税额转出额	13=14 至 23 之和	
其中：免税项目用	14	
集体福利、个人消费	15	
非正常损失	16	
简易计税方法征税项目用	17	
免抵退税办法不得抵扣的进项税额	18	
纳税检查调减进项税额	19	
红字专用发票信息表注明的进项税额	20	
上期留抵税额抵减欠税	21	
上期留抵税额退税	22	
其他应作进项税额转出的情形	23	660 000

3. 所属期 2017 年 5 月填写示例（表 4-34 和表 4-35）

表 4-34　增值税纳税申报表附列资料（五）

（不动产分期抵扣计算表）

期初待抵扣不动产进项税额	本期不动产进项税额增加额	本期可抵扣不动产进项税额	本期转入的待抵扣不动产进项税额	本期转出的待抵扣不动产进项税额	期末待抵扣不动产进项税额
1	2	3 ≤ 1+2+4	4	5 ≤ 1+4	6=1+2−3+4−5
220 000	0	220 000	0	0	0

表 4-35　增值税纳税申报表附列资料（二）

（本期进项税额明细）

一、申报抵扣的进项税额				
项目	栏次	份数	金额	税额
（一）认证相符的税控增值税专用发票	1			
其中：本期认证相符且本期申报抵扣	2			
前期认证相符且本期申报抵扣	3			
（二）其他扣税凭证	4=5+6+7+8			

（续）

一、申报抵扣的进项税额				
项目	栏次	份数	金额	税额
其中：海关进口增值税专用缴款书	5			
农产品收购发票或者销售发票	6			
代扣代缴税收缴款凭证	7		—	
其他	8			
（三）本期用于购建不动产的扣税凭证	9			
（四）本期不动产允许抵扣进项税额	10	—	—	220 000
（五）外贸企业进项税额抵扣证明	11	—	—	
当期申报抵扣进项税额合计	12=1+4 － 9+10+11			220 000

4.2.5.4 不得抵扣进项税额的不动产，转用于允许抵扣进项税额项目的申报填写

例 4-7 2016 年 5 月 5 日，A 公司购进办公楼一座不含税价为 2 000 万元，取得增值税专用发票。该大楼专用于进行技术开发使用，取得的收入均为免税收入，计入固定资产，并于次月开始计提折旧，假定分 10 年计提，无残值。2017 年 6 月，纳税人将该大楼改变用途，用于允许抵扣项目，则需按照不动产净值计算可抵扣进项税额后分期抵扣。（假设未发生其他进项税额）

1. 计算不动产净值率

不动产净值率 =[2 000−2 000 ÷ 10] ÷ 2 000=90%

2. 计算可抵扣进项税额

可抵扣进项税额 = 增值税扣税凭证注明或计算的进项税额 × 不动产净值率 =220 × 90%=198（万元）

该 198 万元可抵扣进项税额由于可以恢复抵扣，应全部从不动产原值中转出。

3. 可抵扣进项税额处理

根据《不动产进项税额分期抵扣暂行办法》，该 198 万元进项税额中的

60% 于改变用途的次月抵扣，剩余 40% 于改变用途次月的第 13 个月抵扣。

该大楼本期应抵扣进项税额 =198 × 60%=118.8（万元）

该大楼待抵扣进项税额 =198 × 40%=79.2（万元）

所属期 2018 年 6 月，该 79.2 万元到抵扣期，应从当期销项税额中抵扣。

1. 所属期 2017 年 6 月填写示例（见表 4-36 和表 4-37）

表 4-36　增值税纳税申报表附列资料（五）

（不动产分期抵扣计算表）

期初待抵扣不动产进项税额	本期不动产进项税额增加额	本期可抵扣不动产进项税额	本期转入的待抵扣不动产进项税额	本期转出的待抵扣不动产进项税额	期末待抵扣不动产进项税额
1	2	3 ≤ 1+2+4	4	5 ≤ 1+4	6=1+2−3+4−5
0	1 980 000	1 188 000	0	0	792 000

表 4-37　增值税纳税申报表附列资料（二）

（本期进项税额明细）

一、申报抵扣的进项税额				
项目	栏次	份数	金额	税额
（一）认证相符的税控增值税专用发票	1			
其中：本期认证相符且本期申报抵扣	2			
前期认证相符且本期申报抵扣	3			
（二）其他扣税凭证	4=5+6+7+8			
其中：海关进口增值税专用缴款书	5			
农产品收购发票或者销售发票	6			
代扣代缴税收缴款凭证	7		—	
其他	8			
（三）本期用于购建不动产的扣税凭证	9			1 980 000
（四）本期不动产允许抵扣进项税额	10	—	—	1 188 000
（五）外贸企业进项税额抵扣证明	11	—	—	
当期申报抵扣进项税额合计	12=1+4−9+10+11			1 188 000

2. 所属期 2018 年 6 月填写示例（见表 4-38 和 4-39）

表 4-38 增值税纳税申报表附列资料（五）

（不动产分期抵扣计算表）

期初待抵扣不动产进项税额	本期不动产进项税额增加额	本期可抵扣不动产进项税额	本期转入的待抵扣不动产进项税额	本期转出的待抵扣不动产进项税额	期末待抵扣不动产进项税额
1	2	3 ≤ 1+2+4	4	5 ≤ 1+4	6=1+2−3+4−5
792 000	0	792 000	0	0	0

表 4-39 增值税纳税申报表附列资料（二）

（本期进项税额明细）

一、申报抵扣的进项税额				
项目	栏次	份数	金额	税额
（一）认证相符的税控增值税专用发票	1			
其中：本期认证相符且本期申报抵扣	2			
前期认证相符且本期申报抵扣	3			
（二）其他扣税凭证	4=5+6+7+8			
其中：海关进口增值税专用缴款书	5			
农产品收购发票或者销售发票	6			
代扣代缴税收缴款凭证	7		—	
其他	8			
（三）本期用于购建不动产的扣税凭证	9			
（四）本期不动产允许抵扣进项税额	10	—	—	792 000
（五）外贸企业进项税额抵扣证明	11	—	—	
当期申报抵扣进项税额合计	12=1+4−9+10+11			792 000

4.2.5.5 高速公路通行费抵扣的申报填写

例 4-8 A 公司 2016 年 5 月支付高速公路通行费 10.3 万元，一级公路、二级公路、桥、闸通行费共计 10.5 万元，都取得了相应的通行费发票。（假设未发生其他进项税额）

解析

当月高速公路通行费可抵扣进项税额 =10.3÷（1+3%）×3%=0.3（万元）

一级公路、二级公路、桥、闸通行费可抵扣进项税额 =10.5÷（1+5%）×5%=0.5（万元）

1. 所属期 2016 年 5 月填写示例（见表 4-40 和表 4-41）

表 4-40　本期抵扣进项税额结构明细表

项目	栏次	金额	税额
合计	1=2+4+5+11+16+18+27+29+30		8 000
二、按抵扣项目归集的进项			
用于购建不动产并一次性抵扣的进项	29		
通行费的进项	30		8 000

表 4-41　增值税纳税申报表附列资料（二）(本期进项税额明细）

一、申报抵扣的进项税额				
项目	栏次	份数	金额	税额
（一）认证相符的税控增值税专用发票	1			
其中：本期认证相符且本期申报抵扣	2			
前期认证相符且本期申报抵扣	3			
（二）其他扣税凭证	4=5+6+7+8			
其中：海关进口增值税专用缴款书	5			
农产品收购发票或者销售发票	6			
代扣代缴税收缴款凭证	7		—	
其他	8			8 000
（三）本期用于购建不动产的扣税凭证	9			
（四）本期不动产允许抵扣进项税额	10	—	—	
（五）外贸企业进项税额抵扣证明	11	—	—	
当期申报抵扣进项税额合计	12=1+4－9+10+11			8 000

4.3　增值税纳税申报法律责任

4.3.1　未按规定期限办理纳税申报和报送纳税资料

纳税人未按规定的期限办理纳税申报和报送纳税资料的，按照《中华人民共和国税收征收管理法》第六十二条处理。

《中华人民共和国税收征收管理法》第六十二条规定："纳税人未按照规定的期限办理纳税申报和报送纳税资料的，或者扣缴义务人未按照规定的期限向税务机关报送代扣代缴、代收代缴税款报告表和有关资料的，由税务机关责令限期改正，可以处二千元以下的罚款；情节严重的，可以处二千元以上一万元以下的罚款。"

4.3.2 拒不申报或者进行虚假的纳税申报

纳税人拒不申报或者进行虚假的纳税申报的，按照《中华人民共和国税收征收管理法》第六十三条处理。

《中华人民共和国税收征收管理法》第六十三条规定："纳税人伪造、变造、隐匿、擅自销毁账簿、记账凭证，或者在账簿上多列支出或者不列、少列收入，或者经税务机关通知申报而拒不申报或者进行虚假的纳税申报，不缴或者少缴应纳税款的，是偷税。对纳税人偷税的，由税务机关追缴其不缴或者少缴的税款、滞纳金，并处不缴或者少缴的税款百分之五十以上五倍以下的罚款；构成犯罪的，依法追究刑事责任。扣缴义务人采取前款所列手段，不缴或者少缴已扣、已收税款，由税务机关追缴其不缴或者少缴的税款、滞纳金，并处不缴或者少缴的税款百分之五十以上五倍以下的罚款；构成犯罪的，依法追究刑事责任。"

4.3.3 不进行纳税申报，不缴或者少缴应纳税款

纳税人不进行纳税申报，不缴或者少缴应纳税款的，按照《中华人民共和国税收征收管理法》第六十四条处理。

《中华人民共和国税收征收管理法》第六十四条规定："纳税人、扣缴义务人编造虚假计税依据的，由税务机关责令限期改正，并处五万元以下的罚款。纳税人不进行纳税申报，不缴或者少缴应纳税款的，由税务机关追缴其

不缴或者少缴的税款、滞纳金，并处不缴或者少缴的税款百分之五十以上五倍以下的罚款。”

4.3.4 欠缴应纳税款，妨碍税务机关追缴欠缴的税款

纳税人欠缴应纳税款，妨碍税务机关追缴欠缴税款的，按照《中华人民共和国税收征收管理法》第六十五条处理。

《中华人民共和国税收征收管理法》第六十五条规定：“纳税人欠缴应纳税款，采取转移或者隐匿财产的手段，妨碍税务机关追缴欠缴的税款的，由税务机关追缴欠缴的税款、滞纳金，并处欠缴税款百分之五十以上五倍以下的罚款；构成犯罪的，依法追究刑事责任。”

4.3.5 以暴力、威胁方法拒不缴纳税款

纳税人以暴力、威胁方法拒不缴纳税款的，按照《中华人民共和国税收征收管理法》第六十七条处理。

《中华人民共和国税收征收管理法》第六十七条规定：“以暴力、威胁方法拒不缴纳税款的，是抗税，除由税务机关追缴其拒缴的税款、滞纳金外，依法追究刑事责任。情节轻微，未构成犯罪的，由税务机关追缴其拒缴的税款、滞纳金，并处拒缴税款一倍以上五倍以下的罚款。”

4.3.6 未按规定期限缴纳税款

纳税人未按照规定期限缴纳税款的，扣缴义务人未按照规定期限解缴税款的，按照《中华人民共和国税收征收管理法》第三十二条处理。

《中华人民共和国税收征收管理法》第三十二条规定：“纳税人未按照规定期限缴纳税款的，扣缴义务人未按照规定期限解缴税款的，税务机关除责令限期缴纳外，从滞纳税款之日起，按日加收滞纳税款万分之五的滞纳金。”

4.3.7 在规定期限不缴或者少缴应纳或者应解缴税款

纳税人在规定期限不缴或者少缴应纳或者应解缴税款的，按照《中华人民共和国税收征收管理法》第六十八条处理。

《中华人民共和国税收征收管理法》第六十八条规定："纳税人、扣缴义务人在规定期限内不缴或者少缴应纳或者应解缴的税款，经税务机关责令限期缴纳，逾期仍未缴纳的，税务机关除依照本法第四十条的规定采取强制执行措施追缴其不缴或者少缴的税款外，可以处不缴或者少缴的税款百分之五十以上五倍以下的罚款。"

4.3.8 扣缴义务人应扣未扣、应收不收税款

扣缴义务人应扣未扣、应收不收税款的，按照《中华人民共和国税收征收管理法》第六十九条处理。

《中华人民共和国税收征收管理法》第六十九条规定："扣缴义务人应扣未扣、应收而不收税款的，由税务机关向纳税人追缴税款，对扣缴义务人处应扣未扣、应收未收税款百分之五十以上三倍以下的罚款。"

|第 5 章|

增值税发票管理

发票，是增值税管理体系中最为重要的一环。房地产企业在营改增后，最关心也是最需要适应的就是增值税发票如何使用和管理，可以说是成也发票、败也发票。那么，增值税发票应该如何开具？作为进项抵扣的增值税专用发票应该满足什么要求？红字发票有什么最新规定？笔者从纳税人实际经营需要出发，既对增值税发票的领用、开具、管理、使用进行全面的介绍，收集了近年来增值税纳税人对发票的热点问题及解答以供参考，同时还结合房地产业增值税业务实际进行增值税发票的解读和提示，希望能在发票管理方面给房地产企业按图索骥式的帮助。

5.1 发票概述

发票是在购销商品、提供或者接受服务以及从事其他经营活动中，开具或者收取的收付款凭证；是财务会计核算的原始凭证和税务检查的重要依据；是经济活动中重要的商事凭证和记录生产经营活动的书面证明。

5.1.1 税务机关发票管理历史沿革

目前，我国对增值税发票的管理主要文件依据是《中华人民共和国发票管理办法》和《中华人民共和国发票管理办法实施细则》；随着增值税发票管理新系统的推行，在发票的管理和使用上又制定了《国家税务总局关于推行增值税发票升级版有关问题的规定》（国家税务总局公告 2014 年第 73 号）、《国家税务总局关于简化增值税发票领用和使用程序有关问题的公告》（国家税务总局公告 2014 年第 19 号），并适时推出了增值税电子发票；营改增后，发票的使用、开具、认证等方面做出了许多新的规定和变化，相继出台了《国家税务总局关于全面推开营业税改征增值税试点有关税收征收管理事项的公告》（国家税务总局公告 2016 年第 23 号）、《房地产开发企业销售自行开发的房地产项目增值税征收管理暂行办法》（国家税务总局公告 2016 年第 18 号）以及《国家税务总局关于营改增试点若干征管问题的公告》（国家税务总局公告 2016 年第 53 号）等文件规定。

营改增后，试点纳税人原则上一律使用增值税专用发票、增值税普通发票和增值税电子普通发票；试点纳税人使用原地税监制冠名普通发票的，营业税改征增值税后可使用国税监制冠名普通发票。结合原有冠名普通发票库存情况，初步拟定 2016 年 5 月 1 日至 7 月 31 日为冠名普通发票使用过渡期，在过渡期内试点纳税人可延续使用原地税监制冠名普通发票，逐步对试点纳税人使用的冠名普通发票进行替换。

总体来看，增值税发票种类繁多，管理和使用方式与营业税管理模式下发生显著改变。由于本书是针对房地产行业营改增后会计实务的操作指南，因此将结合房地产行业的经营特点进行阐述。

5.1.2 发票的内容和基本规定

5.1.2.1 发票的基本规定

发票的基本联次包括发票联、记账联、存根联。发票联是付款方或受票方的付款原始凭证，作为购买方（受票方）核算采购成本和增值税进项税额（专用发票）的记账凭证；记账联是销售方（开票方）核算销售收入和增值税销项税额的记账凭证；存根联是收款方或者开票方留存备查的记账凭证。

发票的基本内容包括：发票的名称、发票代码和号码、联次及用途、客户名称、开户银行及账号、商品名称或经营项目、计量单位、数量、单价、大小写金额、开票人、开票日期、开票单位（个人）名称（章）等。

发票适用对象：增值税一般纳税人销售货物、提供加工修理修配劳务和应税行为的，使用增值税发票管理新系统（以下简称“新系统”）开具增值税专用发票、增值税普通发票、机动车销售统一发票、增值税电子普通发票；增值税小规模纳税人销售货物、提供加工修理修配劳务月销售额超过 3 万元（按季纳税 9 万元），或者销售服务、无形资产月销售额超过 3 万元（按季纳税 9 万元），使用新系统开具增值税普通发票、机动车销售统一发票、增值税电子普通发票。由于房地产企业一般不存在小规模纳税人情况，因此应根据开具对象和业务的不同，使用新系统开具增值税专用发票和增值税普通发票。

5.1.2.2 营改增后过渡时期发票管理规定

1. 发票领取

自 2016 年 5 月 1 日起，地税机关不再向试点纳税人发放发票。试点纳税人已领取地税机关印制的发票以及印有本单位名称的发票（冠名发票），可继续使用至 2016 年 6 月 30 日，特殊情况经省国税局确定，可适当延长使用期限，最迟不超过 2016 年 8 月 31 日。“特殊情况”主要是指享受免征增值税政策的纳税人（如医院、博物馆等）使用印有本单位名称发票等情形。

2. 已领取的地税发票的使用

未使用完的已经领取的地税发票应在 2016 年 7 月 31 日以前在原主管地税机关办理验旧缴销手续。该手续办理完毕后，主管地税机关出具“地税发票清缴证明”。营改增试点纳税人必须携带“地税发票清缴证明”才能到主管国税机关申报办理国税发票领用事宜。2016 年 8 月 1 日以后该事项由主管国税机关负责办理。2016 年 6 月 30 日后，对所有未按规定期限清缴地税发票的纳税人，国税机关将根据《中华人民共和国税收征收管理法》《中华人民共和国发票管理办法》等有关规定予以处罚。

3. 营改增后补开已申报营业税的增值税发票

纳税人在地税机关已申报营业税未开具发票，2016 年 5 月 1 日以后需要补开发票的，可于 2016 年 12 月 31 日前开具增值税普通发票（税务总局另有规定的除外）。

5.1.2.3 发票的种类

根据开票方和受票方税务资格和不同的行业需求，产生了发票的不同适用范围，其中既有业务类型的区别，也区分不同适用对象，以尽量满足税收征收管理和企业经营管理的需要。因此，企业也应根据经营规模和业务类型，选择适宜的发票种类开具。本章主要介绍和讨论房地产企业使用的最主要的发票类型：增值税专用发票和增值税普通发票（注：为了能够较为清晰地叙述各类型发票，此章节中的增值税专用发票和普通发票均为狭义概念）。

1. 增值税专用发票

增值税专用发票，是增值税一般纳税人发生应税行为（销售货物、提供应税劳务或者应税服务）开具的发票，是购买方（或接受方）支付增值税额并可按照增值税有关规定据以抵扣增值税进项税额的凭证。

从广义定义来说，机动车销售统一发票也属于专用发票，考虑房地产企业不开具该类发票，因此本小节所述的增值税专用发票特指在票面上明确标识“增值税专用发票”的发票，不包括机动车销售统一发票。货物运输专用发票已经停止使用，也不在本小节叙述范围内。但值得注意的是，取得的机动车销售统一发票对应的进项税额应填写申报表“认证相符的增值税专用发票”栏。

（1）发票联次和用途。增值税专用发票由基本联次或基本联次附加其他联次构成。基本联次为三联：记账联、抵扣联和发票联。第一联记账联，作为销售方核算销售收入和增值税销项税额的记账凭证；第二联抵扣联作为购买方报送主管税务机关认证和留存备查的凭证；第三联发票联，作为购买方核算采购成本和增值税进项税额的记账凭证。其他联次用途，由一般纳税人自行确定。

（2）发票代码与号码。发票右上角有8位阿拉伯数字，为发票号码，按年度、批次编制，与发票代码共同保证发票唯一性。

发票左上角为10位阿拉伯数字。该字段为发票代码，其中1～4位是各省代码；第5～6位代表制版年度；第7位代表印制批次；第8位是代表版本的语言，分别用1.2.3.4代表中文、中英文、藏汉文、维汉文）；第9位代表发票联次，分别用4、7代表四联、七联；第10位代表金额版本号。

增值税专用发票票样（84位字符密文版），如图5-1所示。

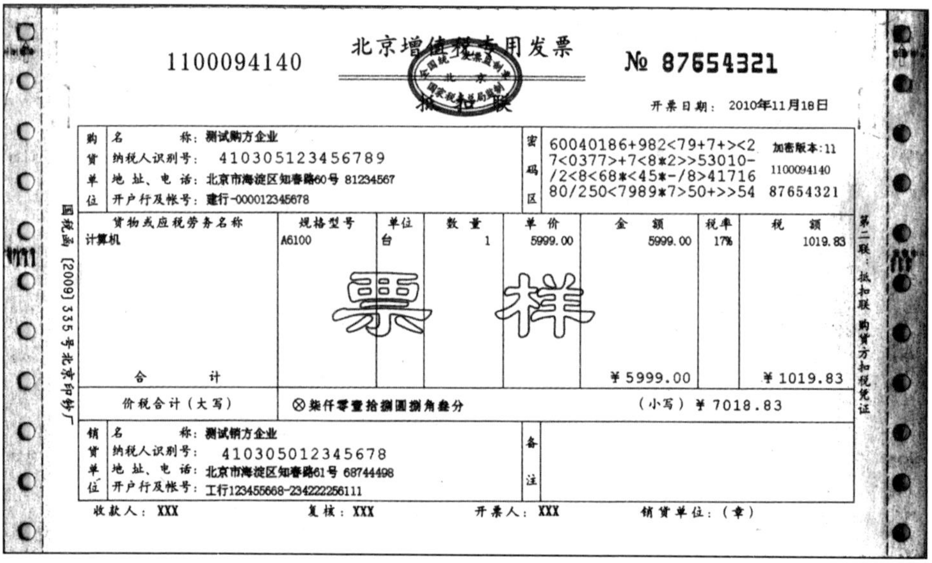
1100094140　北京增值税专用发票　№ 87654321

抵扣联　开票日期：2010年11月18日

购货单位	名　　称：测试购方企业 纳税人识别号：410305123456789 地 址、电 话：北京市海淀区知春路60号 81234567 开户行及帐号：建行-000012345678	密码区	60040186+982<79+7+><2 7<0377>+7<8*2>>53010- /2<8<68*<45*-/8>41716 80/250<7989*7>50+>>54 加密版本：11 1100094140 87654321

货物或应税劳务名称	规格型号	单位	数量	单价	金额	税率	税额
计算机	A6100	台	1	5999.00	5999.00	17%	1019.83
合　　计					¥5999.00		¥1019.83
价税合计（大写）	⊗柒仟零壹拾捌圆捌角叁分				（小写）¥7018.83		

销货单位	名　　称：测试销方企业 纳税人识别号：410305012345678 地 址、电 话：北京市海淀区知春路61号 68744498 开户行及帐号：工行123455668-234222256111	备注	

收款人：XXX　复核：XXX　开票人：XXX　销货单位：（章）

国税函〔2009〕335号北京印钞厂

第二联：抵扣联　购货方扣税凭证

票样

图5-1　增值税专用发票票样（84位字符密文版）

增值税专用发票票样（108 位字符密文版），如图 5-2 所示。

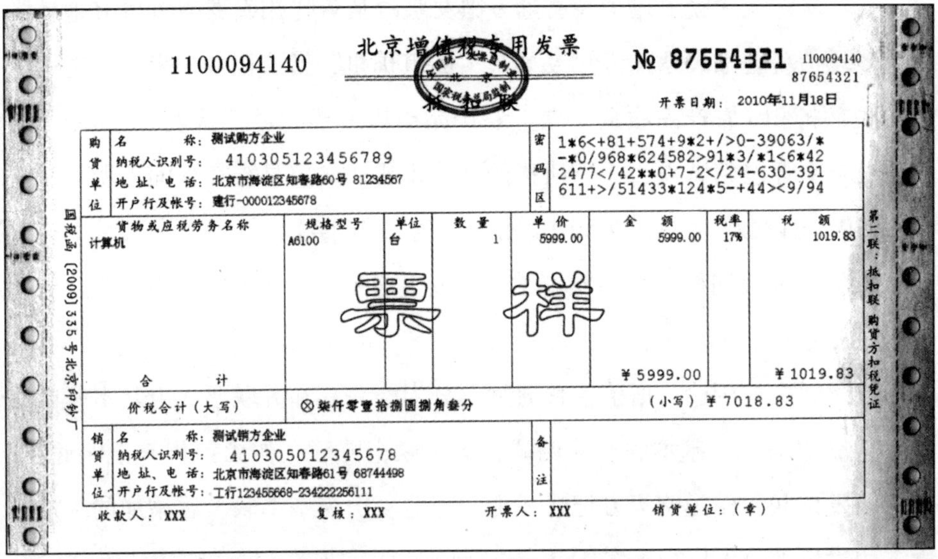

1100094140　北京增值税专用发票　№ 87654321　1100094140 87654321

抵扣联　开票日期：2010年11月18日

购货单位	名　　称：测试购方企业 纳税人识别号：410305123456789 地址、电话：北京市海淀区知春路60号 81234567 开户行及帐号：建行-000012345678	密码区	1*6<+81+574+9*2+/>0-39063/* -*0/968*624582>91*3/*1<6*42 2477</42**0+7-2</24-630-391 611+>/51433*124*5-+44><9/94

货物或应税劳务名称	规格型号	单位	数量	单价	金额	税率	税额
计算机	A6100	台	1	5999.00	5999.00	17%	1019.83
合　　计					¥5999.00		¥1019.83
价税合计（大写）	⊗柒仟零壹拾捌圆捌角叁分				（小写）¥7018.83		

销货单位	名　　称：测试销方企业 纳税人识别号：410305012345678 地址、电话：北京市海淀区知春路61号 68744498 开户行及帐号：工行123455668-234222256111	备注	

收款人：XXX　复核：XXX　开票人：XXX　销货单位：（章）

票样

国税函［2009］335号北京印钞厂

第二联：抵扣联 购货方扣税凭证

图 5-2　增值税专用发票票样（108 位字符密文版）

增值税专用发票票样（二维码密文版），如图 5-3 所示。

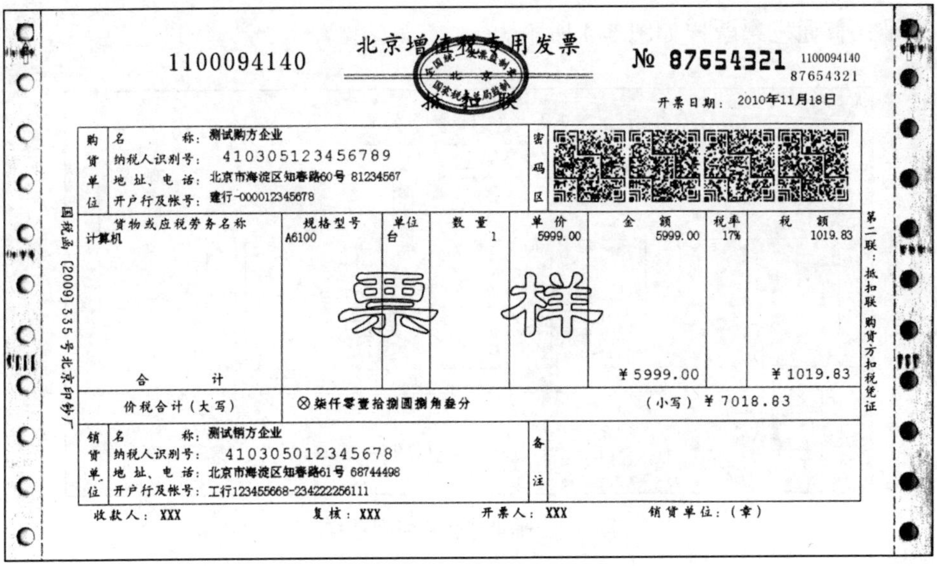

1100094140　北京增值税专用发票　№ 87654321　1100094140 87654321

抵扣联　开票日期：2010年11月18日

购货单位	名　　称：测试购方企业 纳税人识别号：410305123456789 地址、电话：北京市海淀区知春路60号 81234567 开户行及帐号：建行-000012345678	密码区	

货物或应税劳务名称	规格型号	单位	数量	单价	金额	税率	税额
计算机	A6100	台	1	5999.00	5999.00	17%	1019.83
合　　计					¥5999.00		¥1019.83
价税合计（大写）	⊗柒仟零壹拾捌圆捌角叁分				（小写）¥7018.83		

销货单位	名　　称：测试销方企业 纳税人识别号：410305012345678 地址、电话：北京市海淀区知春路61号 68744498 开户行及帐号：工行123455668-234222256111	备注	

收款人：XXX　复核：XXX　开票人：XXX　销货单位：（章）

票样

国税函［2009］335号北京印钞厂

第二联：抵扣联 购货方扣税凭证

图 5-3　增值税专用发票票样（二维码密文版）

2. 增值税普通发票

从广义定义来说，增值税普通发票是指增值税专用发票以外的其他各类发票。增值税普通发票与专用发票最大的区别是，增值税普通发票不能用于进项税额抵扣（农产品收购发票、农产品销售发票和通行费发票除外）。结合房地产企业经营特点，本书所指的增值税普通发票是指在票面上明确标识"增值税普通发票"的，纳入增值税发票管理新系统和管理的发票种类，它是指增值税一般纳税人及小规模纳税人发生应税行为（销售货物、应税劳务或提供服务）开具的发票。

（1）联次与用途。增值税普通发票分为两联票和五联票，由基本联次附加其他联次构成。基本联次为两联，第一联记账联，作为销售方记账凭证；第二联发票联，作为购买方记账凭证。其他联次为基本联次后添加的附加联次，用途由纳税人自行确定。目前增值税普通发票有平推式和卷式两种。

平推式的普通发票格式、字体、栏次、内容与增值税专用发票完全一致，一般纳税人可以使用同一套税控设备开具专用发票和平推式普通发票。平推式普通发票票样如图 5-4 所示。

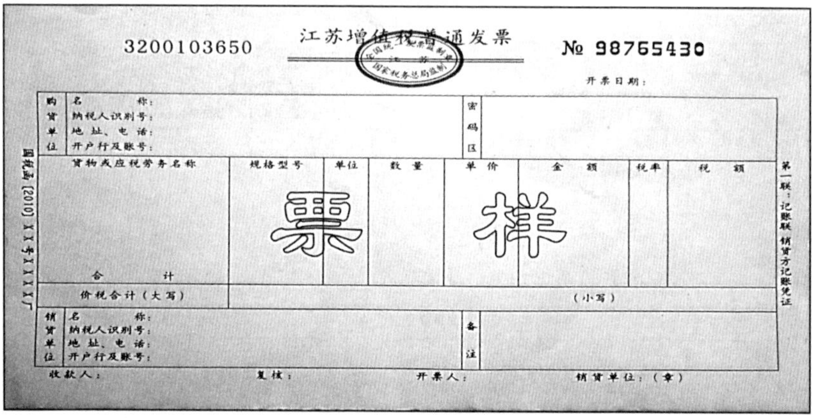

图 5-4 平推式普通发票票样

卷式普通发票自 2017 年 1 月 1 日起，在全国统一规格使用，重点在生活性服务业纳税人中推广。卷式普通发票票样如图 5-5 所示。

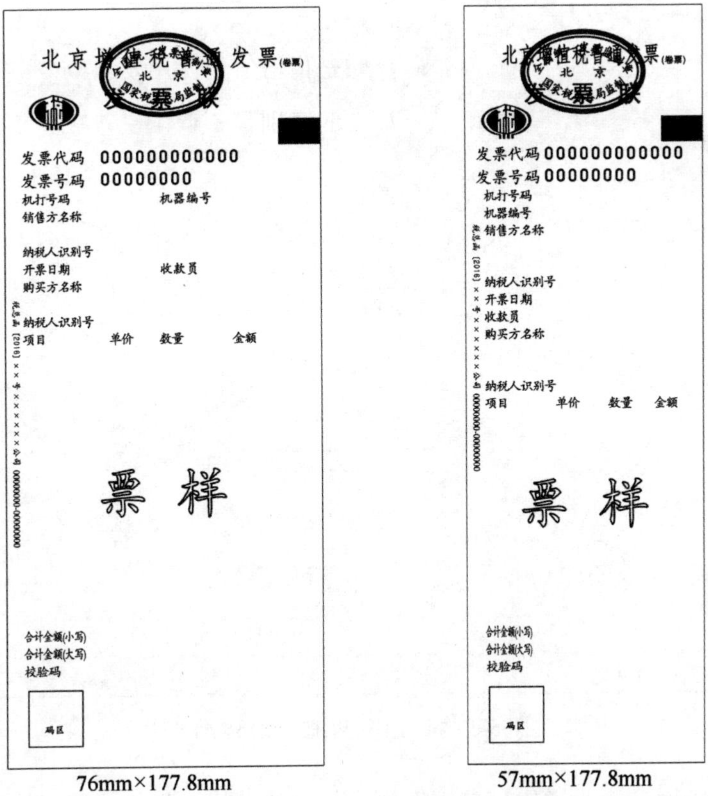

图 5-5 卷式普通发票票样

3. 其他发票

除以上两种主要发票种类外，考虑到房地产企业取得进项税额以及入账需要，在实际经营业务中还可能涉及其他类型发票，简要介绍如下。

（1）机动车销售统一发票，是从事机动车零售业务的单位和个人在销售机动车（不包括销售旧机动车）收取款项时开具的税务机关统一印制的发票。取得发票时应注意：**该发票在发票联加盖发票专用章，抵扣联和报税联不得加盖印章，注册登记联一律加盖开票单位印章**。该类发票详细要求可参见《国家税务总局关于使用新版机动车销售统一发票有关问题的通知》（国税函〔2006〕479 号）。机动车销售统一发票票样如图 5-6 所示。

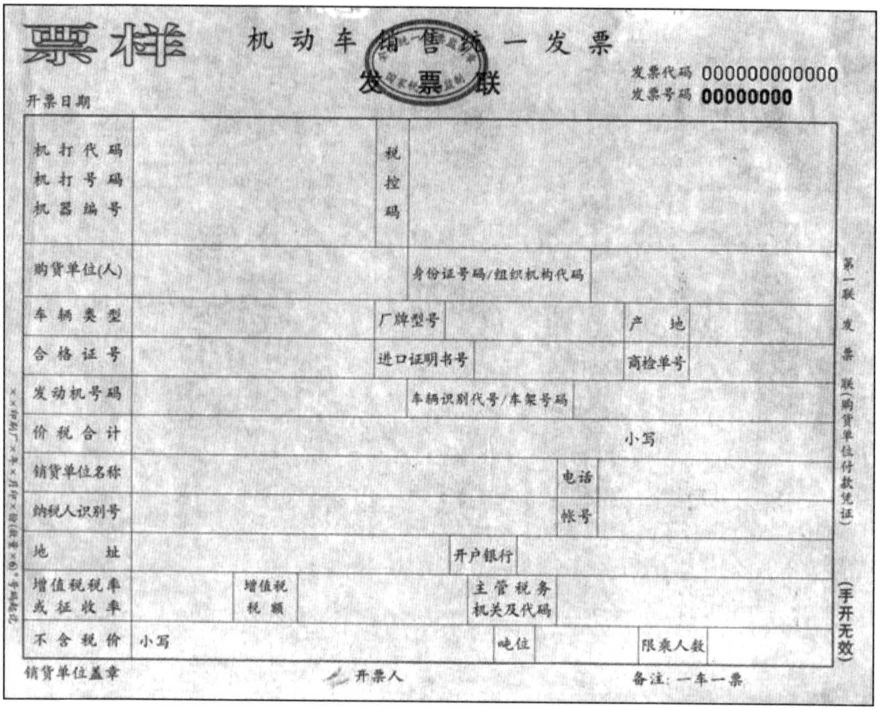

票样　机动车销售统一发票
发票联
发票代码 000000000000
发票号码 00000000
开票日期

机打代码 机打号码 机器编号		税控码			
购货单位(人)		身份证号码/组织机构代码			
车辆类型		厂牌型号		产地	
合格证号		进口证明书号		商检单号	
发动机号码		车辆识别代号/车架号码			
价税合计				小写	
销货单位名称				电话	
纳税人识别号				帐号	
地址		开户银行			
增值税税率或征收率		增值税税额		主管税务机关及代码	
不含税价	小写	吨位		限乘人数	

销货单位盖章　开票人　备注：一车一票

第一联 发票联（购货单位付款凭证）

（手开无效）

图 5-6　机动车销售统一发票票样

（2）货物运输业增值税专用发票，是一般纳税人提供货物运输服务开具的发票。该类发票最迟可使用至 2016 年 6 月 30 日，7 月 1 日停止使用，具体时间由各省自行确定，如深圳市从 4 月 1 日停用。因此，纳税人在取得该类发票时尤其要注意开具时间。货物运输业增值税专用发票票样如图 5-7 所示。

（3）二手车销售统一发票。二手车经销企业、经纪机构和拍卖企业，在销售、中介和拍卖二手车收取款项时，必须开具二手车销售统一发票。该类发票的开具主体有限定性，房地产企业从上述单位购入二手车时将取得该类发票，其发票联和转移登记联由购车方记账和交公安交管部门办理过户手续，发票中所示价款不应包括过户手续费和评估费。二手车销售统一发票票样如图 5-8 所示。

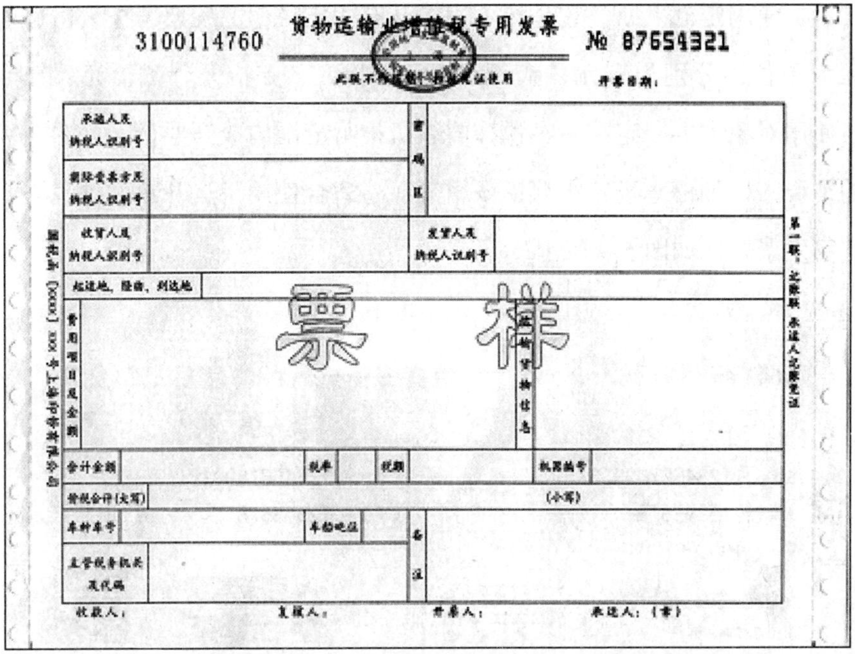
货物运输业增值税专用发票

3100114760 № 87654321

此联不作报销、扣税凭证使用 开票日期：

承运人及纳税人识别号		密码区	
实际受票方及纳税人识别号			
收货人及纳税人识别号		发货人及纳税人识别号	
起运地、经由、到达地			
费用项目及金额		运输货物信息	
合计金额	税率	税额	机器编号
价税合计(大写)		(小写)	
车种车号	车船吨位	备注	
主管税务机关及代码			

收款人： 复核人： 开票人： 承运人：(章)

第一联：记账联 承运人记账凭证

票样

图 5-7 货物运输业增值税专用发票票样

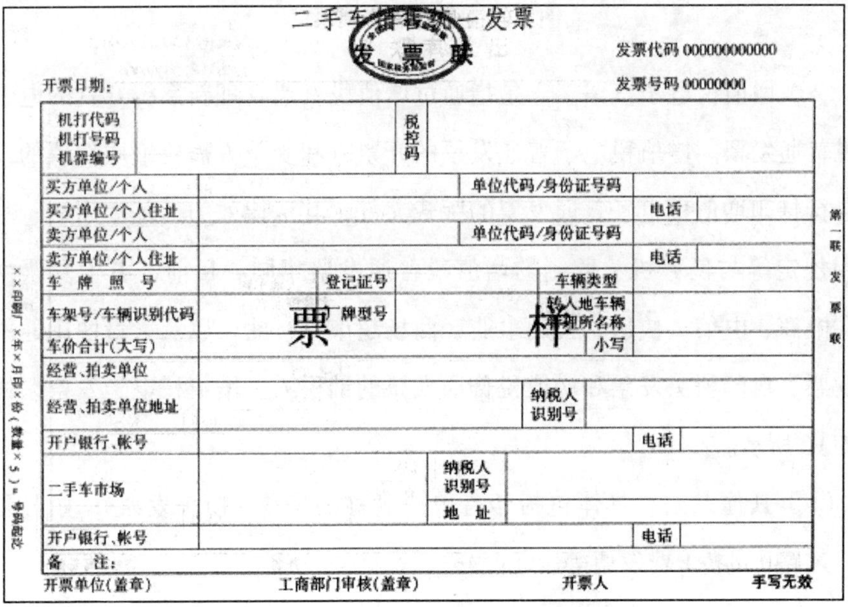
二手车销售统一发票

发票联

发票代码 000000000000

开票日期： 发票号码 00000000

机打代码 机打号码 机器编号		税控码			
买方单位/个人		单位代码/身份证号码			
买方单位/个人住址				电话	
卖方单位/个人		单位代码/身份证号码			
卖方单位/个人住址				电话	
车 牌 照 号		登记证号		车辆类型	
车架号/车辆识别代码		厂牌型号		转入地车辆管理所名称	
车价合计(大写)				小写	
经营、拍卖单位					
经营、拍卖单位地址			纳税人识别号		
开户银行、帐号				电话	
二手车市场		纳税人识别号			
		地 址			
开户银行、帐号				电话	
备 注：					

开票单位(盖章) 工商部门审核(盖章) 开票人 手写无效

第一联 发票联

票样

图 5-8 二手车销售统一发票票样

（4）通用定额发票。它是指不用填开有固定税额的发票，按人民币等值为元为单位，分别为壹元、贰元、伍元、拾元、贰拾元、伍拾元、壹佰元等，使用对象主要限定在不在税控收款机推行范围内或开票量、开票金额较小的纳税人，如停车场、小规模餐馆等，不适合使用机具开票的纳税人。通用定额发票票样如图 5-9 所示。

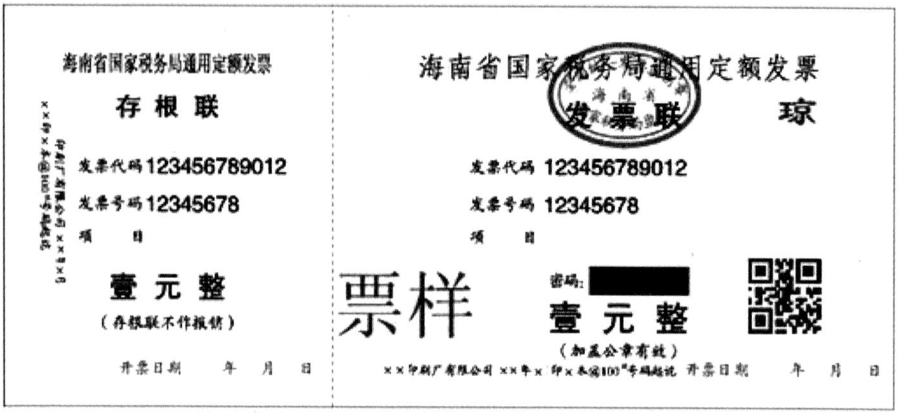

图 5-9　通用定额发票票样

（5）增值税电子发票。它是指通过增值税发票管理新系统开具的电子增值税普通发票。增值税电子普通发票的开票方和受票方需要纸质发票的，可以自行打印增值税电子普通发票的版式文件，其法律效力、基本用途、基本使用规定等与税务机关监制的增值税普通发票相同。目前，电子发票主要是在电商、电信、快递、公用事业、商场超市等行业，以及大量使用通用机打发票、自印衔头发票和增值税普通发票的纳税人。增值税电子发票票样如图 5-10 所示。

（6）其他发票。具体包括印有单位名称的发票（衔头发票），如公园门票、过路（过桥）费发票等。

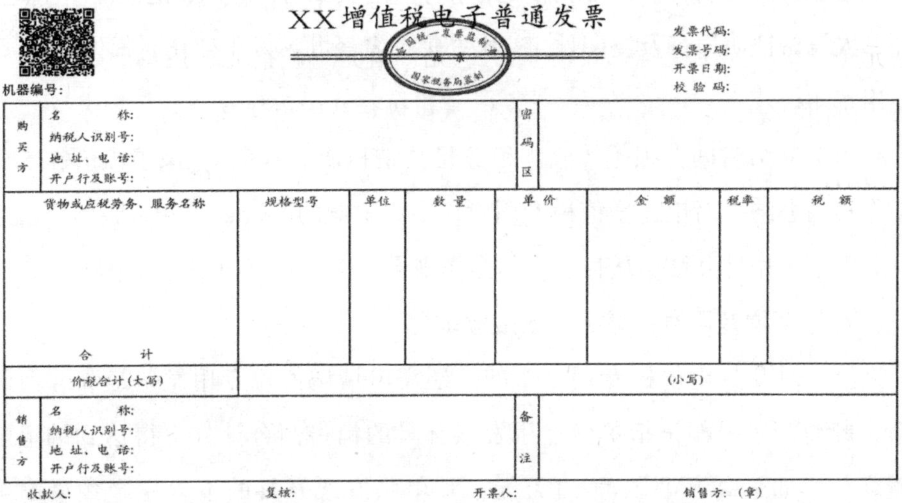

XX增值税电子普通发票

机器编号：

发票代码：
发票号码：
开票日期：
校验码：

购买方	名称： 纳税人识别号： 地址、电话： 开户行及账号：	密码区	

货物或应税劳务、服务名称	规格型号	单位	数量	单价	金额	税率	税额
合计							
价税合计（大写）					（小写）		

销售方	名称： 纳税人识别号： 地址、电话： 开户行及账号：	备注	

收款人：　复核：　开票人：　销售方：（章）

图 5-10　增值税电子发票票样

5.2　发票的领用

5.2.1　初次领购发票流程

企业在税务机关办理完营改增相关手续后（增值税一般纳税人还应办理完毕一般纳税人认定手续），应按照一定的程序领用发票。具体程序如下。

1. 票种核定

（1）已经办理税务登记且需要领用发票的企业应向税务机关提出申请，对需要开具的增值税专用发票、增值税普通发票及机动车统一销售发票，由税务机关根据其经营范围和规模，核定其领用发票相关事宜。仅申领增值税普通发票的，通过票种核定程序可以办理申领发票的种类、单次（月）领用数量、购票方式以及最高开票限额；需要申领增值税专用发票的，还需另行填写申请表申请增值税专用发票开具最高限额。

（2）票种核定后，主管税务机关发放发票领用簿。发票领用簿上载有核定的发票种类、数量以及领票方式。

（3）所需资料：纳税人领用发票票种核定表2份；税务登记证件（查验）；经办人身份证明原件及复印件（首次办理或者经办人发生变化时提供）；发票专用章印模。

（4）办结时间：根据《全国税务机关纳税服务规范》，该事项应在5个工作日内办结。对申请增值税专用发票最高限额的，自最高开票限额获批之日起1个工作日办结。从目前实际操作来看，该项目一般是即办事项。

2. 增值税专用发票最高开票限额审批

（1）对开具增值税专用发票的，还需申请增值税专用发票最高开票限额。最高开票限额是指单份专用发票开具的销售额合计数不得达到的上限额度，比如最高开票限额10万元，其单张发票开具的不含税金额最高为99 999.99元。目前最高开票限额有1万元、10万元、100万元、1000万元、1亿元。该项目是行政许可审批项目，由一般纳税人申请，区县税务机关审批同意。**企业可在办理票种核定的同时一并提出许可申请，税务机关应一并办结，节约企业申请时间和环节**。

（2）办理资料：税务行政许可申请表（1份）、增值税专用发票最高开票限额申请单》（2份）。

（3）办结时间：该事项应在税务机关受理申请之日起20个工作日内办结。

3. 增值税税控系统专用设备初始发行及安装

（1）目前企业使用的是增值税发票升级版，企业端税控设备包括金税盘和税控盘。税务机关会依据企业申请，在增值税税控系统中将税务登记信息、资格认定信息、税种税目认定信息、票种核定信息、增值税发票系统升级版离线开票时限和离线开票总金额等信息录入系统，发《增值税税控系统安装使用告知书》，企业凭《增值税税控系统安装使用告知书》去服务商购买设备并安装，具体信息由服务商载入税控设备。

（2）办理资料。使用增值税专用发票的纳税人，应提供增值税税控系统最高开票限额《准予税务行政许可决定书》、《增值税税控系统安装使用告知书》、持有增值税税控系统专用设备。

（3）办结时限：即时办结。

4. 发票领用

（1）对已办理票种核定（一般纳税人应办理最高开票限额行政许可），并发行、安装税控专用设备的，即可领取发票。

（2）办理资料：税务登记证件（查验）；经办人身份证明（经办人变更的提供复印件）；发票领购簿；税控专用设备（金税盘、税控盘）。

（3）办结时限：即时办结。

5.2.2 日常领购发票（除初次以外）

5.2.2.1 发票持有数量<核定的持票最高数量和每月最高领购发票数量

纳税人无须将已有发票全部开完，可持发票领购簿和税控专用设备直接至主管税务机关购买发票。可购买的最高数量为：持票最高数量－目前发票持有数量。例如，税务机关核定持票最高数量和每月最高领购发票数量均为50份，企业已经领用25份，需要再领用25份，可在前25份没有开完的情况下继续购买发票，购买最大数量为25份。

5.2.2.2 发票持有数量＝核定的持票最高数量

在发票持有数量＝核定的持票最高数量的情况下，纳税人需要验旧购新。在采用增值税发票新系统开具发票的情况下，纳税人不需要持已开具发票到税务机关验旧，直接在系统中上传汇总数据即可。

（1）如有离线开票，且开票后始终未以连线状态登录系统，则需要在领购发票前在网络连通状态下登录系统，系统自动将已开具发票信息上传至税务机关。

（2）如有未开具完毕的发票，需要将发票开具完毕后领购发票。否则应持空白发票至主管税务机关，由税务机关对未开具空白发票缴销后领购发票。

（3）若跨月领购发票，需在纳税申报期内在网络连通状态下登录系统，系统将上月开具发票汇总情况报税后才能领购发票。

（4）上述操作完成以后，请持有发票领购簿和税控专用设备至主管税务机关领购发票，该事项为即办事项。

5.2.3 升级发票数量和版面

5.2.3.1 升级发票数量办理流程

企业已核定的发票使用数量明显不符合经营管理需要，可以向主管税务机关申请发票增量并提供相关材料，发票增量可分为临时增量和正式增量两种方式，发票增量手续办理完毕后，需持税控专用设备到办税服务厅办理授权变更发行。

（1）临时增量：由临时性或者季节性的经营规模变化引起的发票需求量变化，可以申请临时发票增量，临时增量当月有效，次月自动恢复到原核定的单次（月）领购数量。目前在税务征管系统中临时增量是通过“超限量领购发票购票特批”模块实现的，实际操作时办理资料一般都参照票种变更（如下）要求。

（2）正式增量：由非临时性或者季节性的经营规模变化引起的发票需求量变化，可通过申请票种变更实现发票单次（月）领购数量的永久增量。该事项当月开始生效。

（3）办理资料：纳税人领用发票票种核定表、发票领用簿、经办人身份证明（经办人变更的提供复印件）、税控专用设备。

（4）办结时限：即办事项。

5.2.3.2 升级发票版面办理流程

防伪税控企业已经申请专用发票最高开票限额的，可以根据生产经营需要，提出变更最高开票限额的申请。**申请批准后，企业需持税控专用设备到办税服务厅办理授权变更发行。**

1. 增值税专用发票

该事项属于行政许可。一般纳税人申请专用发票最高开票限额不超过10万元的，主管税务机关不需要事前进行实地查验。

（1）办理资料：税务行政许可申请表（1份）、增值税专用发票最高开票限额申请单（2份）。

（2）办结时限：非即办事项，最长在受理申请之日起20个工作日内办结。

2. 增值税普通发票

企业可根据实际经营的需要，提出变更最高开票限额的申请，主管税务机关按照“普通发票核定调整”的流程进行申请受理和办理。

（1）办理资料：纳税人领用发票票种核定表、发票领用簿、经办人身份证明（经办人变更的提供复印件）。

（2）办结时限：即办事项。

5.2.4 发票领购其他事项

5.2.4.1 税控设备变更发行

当纳税人存在纳税人名称变更，除名称外其他税务登记基本信息变更，纳税人发行授权信息变更，因金税盘、税控盘损坏而进行变更，开票机数量变化而进行发行变更，离线开票时限和离线开票总金额变更等内容变更时，应持有金税盘、报税盘至主管税务机关进行增值税税控系统专用设备变更发行。

办理资料：金税盘、报税盘。

5.2.4.2 税控设备注销发行

税务机关依据企业申请，在增值税税控系统中注销纳税人发行档案信息，收缴金税盘、税控盘的行为。

办理资料：增值税税控系统专用设备注销发行登记表；金税盘、税控盘。

5.2.4.3 发票领用簿管理

（1）企业丢失发票领用簿或忘记密码，应立即向主管税务机关备案并办理挂失手续。

办理资料：发票领用簿或密码挂失登记表；税务登记证（查验）；购票人身份证及复印件，复印件加盖公章。

（2）购票员修改。取消原有购票员的，本人办理的持本人身份证原件及复印件；为他人办理的，经办人持身份证原件及复印件（加盖公章）、税务登记证原件及复印件（加盖公章）、发票领用簿办理。

增加购票员的，持购票员授权委托证明书（加盖公章），购票员本人身份证原件及复印件，法定代表人签字或私人印章办理。

5.2.4.4 发票退回

因发票发放错误、发放信息登记错误、纳税人领票信息电子数据丢失、税控设备故障等原因的，税务机关为企业办理退票。

办理资料：发票领用簿；金税盘、税控盘；未使用的空白发票。

5.2.5 发票领购热点问答

1. 领购发票时，税务机关会如何核定单次（月）领用数量？

答：一般纳税人可根据自己的经营需要向税务机关申请合适的领购最高数量。税务机关会依据企业生产经营规模、行业特点、开具发票特殊性等因素，结合下述情况核定发票基本月供应量。

（1）纳税信用级别为A的一般纳税人，根据一般纳税人需要核定。

（2）纳税信用级别为B和未评定信用等级的一般纳税人参考下述标准核定发票数量：

1）初次办理票种核定的一般纳税人，核定的每月最高领取数量原则上不超过 25 份，企业有特殊需求的，经办税服务大厅负责人同意，可适当放宽每月最高领票数量。

2）对其他纳税人，按上一年度销售额标准，结合审批的最高开票限额，核定每月最高领票数量。

3）对实行纳税辅导期管理的一般纳税人每次核定发放的专用发票数量不超过 25 份。纳税信用级别为 C 级、D 级的一般纳税人，核定的每月最高领票数量不超过 25 份。一般纳税人有特殊要求的，经办税服务厅负责人审核，可适当放宽每月最高领票数量。

2. 发票领购数量是不是核定得越多越好？

答：不是。纳税人有下列情形之一的，税务机关将可能告知纳税人票种核定数量偏高，并要求纳税人在 20 个工作日内提交书面材料说明理由，对不提交材料或说明理由不充分的，可参照上一年度月平均开票数量、月最高开票数量重新核定。

1）连续 6 个月销售申报额为 0 的。

2）月最高开票数量小于核定最高领票数量 20% 的。

3. 税务机关如何核定专用发票最高开票限额？

答：税务机关一般依据以下标准核定增值税专用最高开票限额：

（1）纳税信用级别为 A 的一般纳税人，根据一般纳税人需要核定。

（2）纳税信用级别为 B 和未评定信用等级的一般纳税人参考下述标准核定发票数量：

1）初次办理最高开票限额的一般纳税人，最高开票限额原则上不得超过 10 万元，纳税人有特殊需求的，经办税服务厅负责人同意，可适当放宽。

2）对其他纳税人，按上年度销售额标准审批最高开票限额，实际经营期不足一年的，年销售额按年换算。其中年销售额在 1 000 万元以上的，可授权最高开票限额为 100 万元；年销售额在 1 亿元以上的，可授权最高开票限额为 1 000 万元；年销售额在 10 亿元以上的，可授权最高开票限额为 1 亿元。

3）纳税信用级别为 C 级、D 级的一般纳税人，专用发票最高开票限额原则上不超过 10 万元。纳税人有特殊需求的，经办税服务厅负责人同意，可适当放宽。

4）对实行纳税辅导期管理的一般纳税人，目前实行限额发售管理，其中小型商贸批发企业领购专用发票最高开票限额不得超过 10 万元；其他辅导期纳税人专用发票最高开票限额根据企业实际经营情况核定。每次核定发放的专用发票数量不超过 25 份。纳税信用级别为 C 级、D 级的一般纳税人，核定的每月最高领票数量不超过 25 份。一般纳税人有特殊要求的，经办税服务厅负责人审核，可适当放宽每月最高领票数量。

对于增值税普通发票税务总局没有明确规定，各地的执行尺度有所差别，部分地区会参照专用发票进行管理，具体可以咨询当地税务机关。

4. 离线开票时限和总金额是什么？税务机关如何核定？

答：离线开票时限是指自第一份离线发票开具时间起计算可离线开具的最长时限；离线开票总金额是指可开具离线发票的累积不含税总金额，离线开票总金额按不同票种分别计算。

纳税人因网络故障等原因无法在线开票的，在税务机关设定的离线开票时限和离线开具发票总金额范围内仍可开票，超限将无法开具发票。纳税人开具发票次月仍未连通网络上传已开具发票明细数据的，也将无法开具发票。纳税人需连通网络上传发票后方可开票，若仍无法连通网络的，需携带专用设备到税务机关进行征期报税或非征期报税后方可开票。

纳税人离线开票时限和离线开票总金额的设定标准及方法由各省、自治区、直辖市和计划单列市国家税务局确定。

5. 是否必须抄报税后才能领购发票？

答：是。目前增值税发票升级版不需要纳税人到税务机关报税，在次月申报期内登录升级版网络即可将上月开具发票汇总情况报税，如申报期内未操作或者无法操作的，则企业需持有专用系统到税务机关报税后才能领购发票。

6. 是否需要将已有发票开具完毕并验旧后才能领购发票？

答：不是。当领购的发票小于持票最高数量和每月最高领购发票数量，企业可以直接持发票领购簿和专用设备到税务机关领购发票，购买最大数量为持票最高数量与实际持有数量差额。除此以外，需要将发票开具完毕（或缴销）并验旧后领购发票。

7. 持票最高数量和每月最高领购发票数量的关系是什么？

答：初次核定时持票最高数量和每月最高领购发票数量一般是一致的，但是当企业有特殊需求需要大量增票的时候，税务机关会从风险把控角度，有选择性地将持票最高数量和每月最高领购发票数量进行区分，一般持票最高数量小于每月最高领购发票数量，这样既能够满足企业经营需要，同时也能最大限度地避免和控制风险。

8. 房地产企业需要发票版面较大，初次核定的版面不符合经营需要如何处理？

答：作为房地产企业需要发票版面较大，既可以在初次申领发票时向税务机关申请开具较大金额（大于10万元），由办税服务大厅负责人确认后核定最高开票限额；也可将初次申请的发票开具完成后申请发票增版，以适应经营需要。

9. 申请专用发票最高开票限额超过10万元的，税务机关是否会实地查验？

答：不一定。根据规定，一般纳税人申请专用发票最高开票限额不超过10万元的，主管税务机关不需要事前进行实地查验，但未要求超过10万元的必须进行实地查验。税务机关一般会采用与企业约谈的处理方式，了解其实际经营状况和开票需求，符合企业实际需要的予以审批同意。

10. “三证合一”将税务登记号变更为社会信用代码，发票领购具体流程是怎样的？

答：（1）企业持有工商营业执照、组织机构代码证和税务登记证至工商部门，由工商部门发放新的“三证合一、一照一码”证件。

（2）纳税人持有新的“三证合一、一照一码”证件到税务机关变更纳税识别号（金税三期系统实现工商部门与税务系统数据自动传输后，税务机关可直接变更企业识别号）。

（3）持税控专用设备、发票领购簿、未开具的空白发票和开具的最后一份发票，由税务机关变更税控专用设备信息，发放新的发票领购簿，对已有发票缴销后重新领购发票。

（4）重新与税务机关、银行签订扣缴税款的三方协议，刻印新社会信用代码的发票专用章（该事项可在变更纳税识别号后直接办理）。

值得注意的是，三证合一原税号下开具和认证的发票在新号码下可能无法正常申报。建议在申报期结束后，在没有新的进项发票和开具发票情况下办理三证合一事项，并在事项全部完成后取得新社会信用代码下的进项发票并开具相应发票。

11. 能否网上领购发票？

答：目前，部分省市已经开通了网上申领发票的服务，即税务机关委托物流公司，实行发票网上申领，送票上门，旨在解决企业往返办税服务厅路程远、耗时长、排队难等问题，实现“企业网上申领→系统自动处理→物流限时配送”的服务，该项服务不收取任何费用。以北京国税局推出的“票E送”为例，具体办理流程是，企业登录网上办税服务厅提交发票领用信息，税务机关“云平台”自动处理，发票物流中心自动分拣配送并展现配送进度，企业签收实物并下载税控电子数据。

12. 税控设备的收费标准是多少？

答：依据《国家发展改革委关于完善增值税税控系统有关收费政策的通

知》(发改价格〔2012〕2155号)规定:“根据增值税税控系统专用设备升级换代状况和生产成本费用情况,暂核定增值税防伪税控系统专用设备中的USB金税盘零售价格为每个490元,报税盘为每个230元;货物运输业增值税专用发票、机动车销售统一发票和公路、内河货物运输业发票税控系统专用设备中的TCG-01税控盘零售价格为每个490元,TCG-02报税盘为每个230元。

从事增值税税控系统服务的有关技术服务单位(以下简称“有关技术服务单位”),在提供服务时,对使用税控盘系列产品的纳税户,按每户每年每套330元收取技术维护费;对使用两套及以上税控盘系列产品的纳税人,从第二套起减半收取技术维护费。”

13. 发票领购是否收费?

答:根据《国家税务总局关于取消发票工本费有关问题的通知》(国税函〔2012〕208号),领购发票不收取任何费用。

5.3 发票的开具

5.3.1 增值税发票开具的一般规定

5.3.1.1 增值税发票开具的总体要求

1. 基本要求

销售商品、提供服务以及从事其他经营活动的单位和个人,对外发生经营业务收取款项,**收款方应向付款方开具发票**;特殊情况下由付款方向收款方开具发票。特殊情况是指:收购单位和扣缴义务人支付个人款项时;或者国家税务总局认为其他需要由付款方向收款方开具发票的。

2. 开具时点

填开发票的单位和个人**必须在发生经营业务确认营业收入时开具发票**。未发生经营业务一律不准开具发票。

3. 开具要求

（1）所有单位和从事生产、经营活动的个人在购买商品、接受服务以及从事其他经营活动支付款项时，应当向收款方取得发票。取得发票时，不得要求变更品名和金额。

（2）开具发票应当使用中文。民族自治地方可以同时使用当地通用的一种民族文字。

（3）单位和个人在开具发票时，必须做到按照号码顺序填开，填写项目齐全，内容真实，字迹清楚，**全部联次一次打印**，内容完全一致，**并在发票联和抵扣联加盖发票专用章**。

（4）不符合规定的发票，不得作为财务报销凭证，任何单位和个人有权拒收。

4. 开具方式

（1）增值税一般纳税人销售货物、提供加工修理修配劳务和应税行为，使用增值税发票管理新系统（以下简称“新系统”）开具增值税专用发票、增值税普通发票、机动车销售统一发票、增值税电子普通发票。

（2）增值税小规模纳税人销售货物、提供加工修理修配劳务月销售额超过 3 万元（按季纳税 9 万元），或者销售服务、无形资产月销售额超过 3 万元（按季纳税 9 万元），使用新系统开具增值税普通发票、机动车销售统一发票、增值税电子普通发票。

（3）增值税普通发票（卷式）启用前，纳税人可通过新系统使用国税机关发放的现有卷式发票。

（4）门票、过路（过桥）费发票、定额发票、客运发票和二手车销售统一发票继续使用。

5. 开具发票种类

纳税人在开具发票时，应当根据开票方、受票方及业务性质的不同，按照税务机关的规定和自身经营特点选择适用的发票种类，具体如表 5-1 所示。

表 5-1 税人发票种类选择对照表

开票方	受票方	开具发票种类
一般纳税人	一般纳税人	增值税专用发票（也可开具普通发票）
	小规模纳税人	增值税普通发票或增值税电子普通发票
	其他单位	
	个人	
小规模纳税人	一般纳税人	增值税普通发票或代开专用发票
	小规模纳税人	增值税普通发票
	其他单位	
	个人	
其中：未达起征点的小规模纳税人		定额发票或代开专用发票
从事机动车（旧机动车除外）零售业务（含一般人和小规模）	一般人和小规模	机动车销售统一发票
发票使用量较大或统一发票式样不能满足经营活动需要的	一般人和小规模	冠名发票（如门票）

5.3.1.2 增值税专用发票开具规定

1. 基本开具要求

（1）项目齐全，与实际交易相符。

（2）字迹清楚，不得压线、错格。

（3）发票联和抵扣联加盖发票专用章。

（4）按照增值税纳税义务的发生时间开具。

对不符合上列要求的专用发票，购买方有权拒收。

2. 增值税专用发票票面填写要求

目前，增值税专用发票包括“购买方”“密码区”“货物或应税劳务、服务”“销售方”“备注”“签章”六个区域，具体填写要求如表 5-2 所示。

3. 关于汇总开票要求

一般纳税人销售货物或者提供应税劳务可汇总开具专用发票。汇总开具专用发票的，同时使用防伪税控系统开具“销售货物或者提供应税劳务清单”，并加盖财务专用章或者发票专用章。

表 5-2　增值税专用发票票面填写要求

区域	项目	填写要求
购买方	名称	购买单位名称的全称，不得简写
	纳税人识别号	购买单位的纳税识别号，三证合一以后为社会信用代码
	地址、电话	购买单位所在地址及联系电话
	开户行及账号	购买方的开户银行和账号
密码区		系统自动生成
货物或应税劳务、服务	货物或应税劳务、服务名称	使用税务总局规定的“商品和服务税收分类与编码”填开
	规格型号	商品的品牌、等级、成分、含量、纯度、大小（尺寸、重量）；劳务或服务可不填写
	单位	计量单位
	数量	填开具体数量
	单价	货物或劳务或服务的不含税单价
	金额	不含税单价和数量相乘计算的销售额，用“￥”符号封顶
	税率	货物或者劳务、服务适用税率或征收率（免税和差额开票等情况下会存在 *** 的税率）
	税额	根据金额和税率或征收率相乘计算填开（免税和差额征税不适用），用“￥”符号封顶
	价税合计（大写）	必填
	（小写）	必填，用“￥”符号封顶
销售方	名称	根据销售方实际情况全部如实填开
	纳税人识别号	
	地址、电话	
	开户行及账号	
备注		填开一些需要补充说明的事项，该栏次最大可容纳 230 个字符或 115 个汉字。如对差额开票、房地产销售不动产等税务总局有规定的，应按要求填写相关内容；对发票票面栏次无法满足开具需求的，也可在“备注栏”中注明
签章	收款人	必填，不得简称
	复核	
	开票人	
销售方（章）		加盖发票专用章

4. 专用发票开具对象

企业销售货物或提供应税服务，当受票方是一般纳税人时可以开具增值税专用发票，其中开票方是一般纳税人的应自开增值税专用发票；开票方是小规模纳税人的可以代开增值税专用发票（住宿业小规模除外）。**但以下几种情况不得开具专用发票（与房地产业较为相关的以黑体字标明）**：

（1）**向消费者个人销售服务、无形资产或者不动产。**

（2）适用免征增值税规定的应税行为。

（3）实行增值税退（免）税办法的增值税零税率应税服务不得开具增值税专用发票。

（4）金融商品转让，不得开具增值税专用发票。

（5）经纪代理服务，以取得的全部价款和价外费用，扣除向委托方收取并代为支付的政府性基金或者行政事业性收费后的余额为销售额。向委托方收取的政府性基金或者行政事业性收费，不得开具增值税专用发票。

（6）试点纳税人提供有形动产融资性售后回租服务，向承租方收取的有形动产价款本金，不得开具增值税专用发票，可以开具普通发票。

（7）提供旅游服务，从全部价款和价外费用中扣除的对外支付旅游费用，不得开具增值税专用发票，可以开具普通发票。

（8）提供劳务派遣服务选择差额纳税的纳税人，向用工单位收取用于支付给劳务派遣员工工资、福利和为其办理社会保险及住房公积金的费用，不得开具增值税专用发票，可以开具普通发票。

（9）纳税人提供人力资源外包服务，按照经纪代理服务缴纳增值税，其销售额不包括受客户单位委托代为向客户单位员工发放的工资和代理缴纳的社会保险、住房公积金。向委托方收取并代为发放的工资和代理缴纳的社会保险、住房公积金，不得开具增值税专用发票，可以开具普通发票。

此外，下列情形之一者，应当按照销售额和增值税税率计算应纳税额，不得抵扣进项税额，也不得使用增值税专用发票：

① 一般纳税人会计核算不健全，或者不能够提供准确税务资料的。

② 应当办理一般纳税人资格登记而未办理的。

5.3.1.3 增值税普通发票开具要求

除增值税发票开具的基本要求外，开具增值税普通发票时，如果购买方有纳税识别号，则“购买方”信息栏中“纳税人名称”和“纳税识别号”必须填写；如果购买方没有纳税识别号（如部分非企业性单位或者其他个人），则“纳税人名称”必须填写，其余项目可根据实际经营需要填写。

5.3.1.4 发票专用章的规定

根据《国家税务总局关于发票专用章式样有关问题的公告》(国家税务总局公告 2011 年第 7 号）规定，发票专用章的形状为椭圆形，长轴为 40mm、短轴为 30mm、边宽 1mm，印色为红色。

发票专用章中央刊纳税人识别号；外刊纳税人名称，自左而右环行，如名称字数过多，可使用规范化简称；下刊“发票专用章”字样。使用多枚发票专用章的纳税人，应在每枚发票专用章正下方刊顺序编码，如“(1)、(2)……”字样。

发票专用章所刊汉字，应当使用简化字，字体为仿宋体；“发票专用章”字样字高 4.6mm、字宽 3mm；纳税人名称字高 4.2mm、字宽根据名称字数确定；纳税人识别号数字为 Arial 体，数字字高为 3.7mm，字宽 1.3mm。

5.3.2 如何使用编码开具增值税发票

根据《国家税务总局关于全面推开营业税改征增值税试点有关税收征收管理事项的公告》（国家税务总局公告 2016 年第 23 号）规定，自 2016 年 5 月 1 日起，纳入新系统推行范围的试点纳税人及新办增值税纳税人，应使用新系统选择相应的编码开具增值税发票。北京市、上海市、江苏省和广东省已使用编码的纳税人，应于 5 月 1 日前完成开票软件升级。5 月 1 日前已使用新系统的纳税人，8 月 1 日前完成开票软件升级。也就是说，**自 2016 年 8 月 1 日起，企业需要使用编码开具增值税发票了。**

1. 开具方法

商品和服务税收分类与编码由国家税务总局统一维护，未经同意，任何人不得变动。纳税人不得修改目前总局已有的编码，允许纳税人自行修改的编码，只能是在现有商品和服务分类再细分的情况下，在已有编码基础上增加下一层编码，纳税人自行增加的编码为系统自动赋码。例如，包装饮用水（1 03 03 07 04），纳税人可以在这个基础上增加为 1 03 03 07 04 01 代表某品牌纯净水，1 03 03 07 04 02 代表某品牌矿泉水。税务机关做后期开票量统计分析时，按照“纳税人识别号 + 总局编码 + 纳税人增加编码”为要素采集并统计数据。目前除电信业纳税人可以按汇总项开票外，其他纳税人在开票时均不允许按上一级代码开具发票。

2. 房地产行业涉及商品和服务税收分类与编码明细

使用编码开具发票时，如果商品编码、种类选择错误，会导致发票出现税率错误、品目错误的情况，会引起购货方拒收发票、无法抵扣的情况。具体到房地产企业，设计的商品和服务税收分类与编码汇总如表 5-3 所示。

表 5-3 房地产行业涉及商品和服务税收分类与编码明细表

行业类别	商品和服务名称	合并编码	说明
销售住宅	销售不动产	5000000000000000000	指转让不动产所有权的业务活动。不动产，是指不能移动或者移动后会引起性质、形状改变的财产，包括建筑物、构筑物等
	销售建筑物	5010000000000000000	指销售住宅、商业营业用房、办公楼等建造物，包括转让建筑物有限产权、永久使用权或者在建建筑物所有权，以及在转让建筑物时一并转让其所占土地使用权
	销售住宅	5010100000000000000	指销售住宅
	销售房地产开发住宅	5010101000000000000	房地产企业销售住宅地产开发项目（不含房改房）

（续）

行业类别	商品和服务名称	合并编码	说明
销售住宅	销售取得的住宅	5010102000000000000	销售以直接购买、接受捐赠、接受投资入股、自建以及抵债等各种形式取得的住宅
	销售其他住房	5010199000000000000	
	销售房改房	5010103000000000000	为了配合国家住房制度改革，企业、行政事业单位按房改成本价、标准价出售住房
销售商业营业用房	销售商业营业用房	5010200000000000000	指销售商业营业用房
	销售房地产开发商业用房	5010201000000000000	房地产企业销售商业营业用房地产开发项目
	销售取得的商业用房	5010202000000000000	销售以直接购买、接受捐赠、接受投资入股、自建以及抵债等各种形式取得的商业营业用房
	销售其他商业用房	5010299000000000000	
	销售其他建筑物	5019900000000000000	指销售住宅、商业营业用房以外，其他的办公楼等建造物，包括转让建筑物有限产权、永久使用权或者在建建筑物所有权，以及在转让建筑物时一并转让其所占土地使用权
销售构筑物	销售构筑物	5020000000000000000	指销售道路、桥梁、隧道、水坝等建造物。包括转让在建构筑物所有权，以及在转让构筑物时一并转让其所占土地的使用权
未发生销售行为的不征税项目	预售房地产	602	销售自行开发的房地产项目预收款
	已申报营业税补开票	603	已申报缴纳营业税未开票补开票

上述房地产各类涉税业务中，除销售住宅——销售房改房业务以外，一般纳税人涉及两档税率，分别是一般计税方法 11%，简易计税 5%；小规模纳税人，征收率 5%。销售住宅——销售房改房业务中的一般纳税人涉及 3 档税率，分别是一般计税方法 11%，简易计税 5%，免税；小规模纳税人涉及两档税率，征收率 5% 及免税。

5.3.3 房地产行业其他开票规定

1. 销售不动产时如何开具发票

一般纳税人销售自行开发的房地产项目，自行开具增值税发票；一般纳税人向其他个人销售自行开发的房地产项目，不得开具增值税专用发票。这里的其他个人指的是自然人。

2. 销售、出租不动产开具发票的特殊要求

（1）销售不动产，纳税人自行开具增值税发票时，除增值税发票开具一般规定外，应在发票“货物或应税劳务、服务名称”栏填写不动产名称及房屋产权证书号码（无房屋产权证书的可不填写），“单位”栏填写面积单位，“备注”栏注明不动产的详细地址。

（2）出租不动产，纳税人自行开具增值税发票时，应在备注栏注明不动产的详细地址。

3. 预售房地产项目取得预收款开具发票规定

根据国家税务总局公告 2016 年第 53 号，企业将增值税税控开票软件升级到最新版本后，增加了“未发生销售行为的不征税项目”，其中 602 是指“销售自行开发的房地产项目预收款”，603 是指“已申报缴纳营业税未开票补开票”，即房地产企业取得预收款时，可以开具编码为 602 的不征税发票，其中发票税率栏填写“不征税”，不得开具增值税专用发票。

值得注意的是，虽然开具不征税发票，但收取的预收款收入均应按规定预缴税款，并填报增值税预缴税款表，但不填列增值税纳税申报表及其附列资料。

4. 4 月 30 日前已收取销售款并已缴纳营业税的房地产项目，如何开具增值税发票

根据 18 号公告规定，一般纳税人销售自行开发的房地产项目，其 2016 年 4 月 30 日前收取并已向主管地税机关申报缴纳营业税的房地产项

目，未开具营业税发票的，可以开具增值税普通发票，不得开具增值税专用发票。

根据税务总局官网的对外宣传口径，该项时间不适用《国家税务总局关于全面推开营业税改征增值税试点有关税收征收管理事项的公告》(国家税务总局公告 2016 年第 23 号）规定该类事项开具截止时间为 2016 年 12 月 31 日，即可以理解为房地产企业在该类事项上暂无截止时间，具体开具方式如下：

（1）开具发票时，企业将增值税税控开票软件升级到最新版本后，按照“未发生销售行为的不征税项目”中 603“已申报缴纳营业税未开票补开票”开具不征税发票，其中发票税率栏填写“不征税”，不得开具增值税专用发票。

（2）企业补开发票时最好同时留存原主管地税机关出具的已缴税未开票证明和营业税完税凭证，证明应包括纳税人名称、项目名称、项目地址、缴税日期、金额、税款所属期等详细信息。

5. 可以扣除土地成本的房地产项目能否全额开票

2016 年 7 月 8 日，国家税务总局货物与劳务税司副司长林枫回答企业疑问，对该事项进行答复，企业问：“A 房地产公司将一栋楼价税合计 1 000 万元销售给 M 公司，并开具增值税专用发票，经过计算这栋楼对应的土地成本为 300 万元。第一步，计算销项税额。销项税额等于 1 000 ÷（1+11%）× 11%=99.1（万元）。第二步，计算销售额。销售额等于 1 000−99.1=900.9（万元）。第三步，按照上述销售额和销项税额的数据开具增值税专用发票。M 公司取得增值税专用发票后，可以抵扣进项税额 99.1 万元；第四步，在增值税纳税申报表附列资料（一）第 14 列“销项（应纳）税额”，填报（1 000−300）÷（1+11%）× 11%=69.37（万元）；第五步，A 公司在增值税申报表主表第 1 行“按适用税率计税销售额”中，填报销售额 900.9 万元，并将增值税纳税申报表附列资料（一）第 14 列“销项（应纳）税额”69.37 万元，填报在增值税纳税申报表主表第 11 行“销项税额”栏次中的处理是否正确。林枫副司长答复“税务部门的解答符合现行政策规定”。

从上述解答内容来看，房地产开发企业适用一般计税方法，可以扣除土地成本并对销售房产开具发票时，发票票面可不体现土地成本部分内容，直接按照全额开具增值税发票并计算销项税额。同时，对应土地成本部门扣除后计算销项税额并填列申报表。

6. 简易计税方式下的房地产项目可否开具增值税专用发票

可以。根据财税〔2016〕36 号文，简易计税下两种情况不能开具增值税专用发票。

（1）一般人销售自己使用过的固定资产，适用简易办法按 3% 征收率减按 2% 征收政策的，不得开具专用发票。

（2）单采血浆站销售非临床用人体血液，按照简易办法计算缴纳增值税，不得开具专用发票。

因此，适用于简易计税方式的房地产企业可以开具征收率 5% 的增值税专用发票。

5.3.4 发票作废与退回

1. 增值税发票作废条件

一般纳税人在开具增值税专用发票当月，发生销货退回、开票有误、应税服务中止以及发票抵扣联、发票联均无法认证等情形，收到退回的发票联、抵扣联符合作废条件的，按作废处理；开具时发现有误的，可即时作废。需要作废的发票应满足以下条件：

（1）收到退回的发票联、抵扣联时间未超过销售方开票当月。

（2）销售方未抄税并且未记账。

（3）对于专用发票，还需满足购买方未认证或者认证结果为“纳税人识别号认证不符”“增值税专用发票代码、号码认证不符”的条件。

2. 增值税发票作废具体处理

（1）增值税发票税控开票软件中将相应的数据电文按“作废”处理。

（2）纸质增值税发票（含未打印的增值税发票）各联次上注明“作废”字样。

（3）纸质发票全联次留存。

5.3.5 红字发票的开具

2016年7月20日，国家税务总局发布了《国家税务总局关于红字增值税发票开具有关问题的公告》（国家税务总局公告2016年第47号），2016年8月1日正式实施。根据最新文件规定，红字发票开具要求如下。

5.3.5.1 红字增值税专用发票的开具

1. 红字专用发票开具的条件

开具红字增值税专用发票应同时满足下列条件：

（1）开具增值税专用发票后，发生销货退回、开票有误、应税服务中止等情形，但不符合发票作废条件的。

（2）销货部分退回、销售折让，需要开具红字专用发票。

根据36号文规定，未按照规定开具红字增值税专用发票的，不得按照本办法第三十二条和第三十六条的规定扣减销项税额或者销售额。

2. 红字专用发票流程

（1）填写开具红字增值税专用发票信息表

购买方或销售方应根据情况不同，分别在增值税发票管理新系统中填写开具红字增值税专用发票信息表（以下简称“信息表”），如表5-4所示。

表 5-4 红字增值税专用发票信息表填写注意事项

填写方	填写条件	填写注意事项
购买方填写信息表	购买方取得专用发票已用于申报抵扣	不填写对应的蓝字专用发票信息；按照信息表所列增值税额从当期进项税额中转出；待取得红字专用发票时，与信息表一并作为记账凭证
	购买方取得专用发票未用于申报抵扣，但发票联或抵扣联无法退回的	填写对应的蓝字专用发票信息
销售方填写信息表	销售方开具专用发票未交付购买方，以及购买方未用于申报抵扣并将发票联及抵扣联退回	填写对应的蓝字专用发票信息

（2）主管税务机关通过网络接收纳税人上传的信息表，系统自动校验通过后，生成带有“红字发票信息表编号”的信息表，并将信息同步至纳税人端系统中。

（3）销售方凭税务机关系统校验通过的信息表开具红字专用发票，在增值税发票系统升级版中以销项负数开具。红字专用发票应与信息表一一对应。纳税人也可凭信息表电子信息或纸质资料到税务系统对信息表内容进行系统校验。

5.3.5.2 红字增值税普通发票的开具

1. 红字增值税普通发票开具条件

当企业所开发票有误或者由于商品质量等问题购买方需要退货，但蓝字普通发票已抄税不能作废，此时可开具负数发票来冲抵。

2. 红字增值税普通发票开具流程

纳税人登录开票软件，通过“发票填开”模块进入一张新发票，在发票的最上方单击“红字”后，输入对应的正数普通发票的代码和号码，单击“下一步”，系统会提示本张发票可以开红字。确认之后，即可直接保存打印负数发票，无须上传比对。在打印负数普通发票时，系统自动将对应的正数发票的代码和号码打印在负数发票的“备注栏”内。

需要开具红字增值税普通发票的，可以在所对应的蓝字发票金额范围内开具多份红字发票。

5.3.5.3 红字增值税发票开具热点问题

1. 新的红字发票公告下发后有什么变化？

答：2016年8月1日正式实施的国家税务总局公告2016年第47号，相比原有的红字发票开具规定《国家税务总局关于全面推行增值税发票系统升级版有关问题的公告》（国家税务总局公告2015年第19号），存在以下变化：

（1）取消了“发票认证”等相关规定：考虑税务总局逐步取消了部分纳税人发票认证事项，相应对红字发票开具中关于发票认证的相关内容进行修订。目前的规定中没有发票认证的相关内容，仅按照申报抵扣、申报未抵扣、开出专票未退回的分类规定开具方法。在开具红字增值税专用发票信息表中同样删除了对认证结果的选项。

（2）删除了开具红字货运专用发票的规定。由于2016年7月1日起停止使用货运专用发票，相对应也删除了货运专用发票的红字开具规定。

（3）废除了“专用发票尚未交付购买方或者购买方拒收的，销售方应于专用发票认证期限内在增值税发票系统升级版中填开并上传信息表”的规定，**新的公告中没有对专用发票认证期限与开具红字发票的关系做出规定。**

2. 对已认证未抵扣的能否开具红字发票？

答：从文件规定看，对已认证未抵扣的情况应属于公告中规定的“取得发票未抵扣”情况，应按照发票联、抵扣联是否退回，分别由受票方或者销售方填写信息表。在实际操作中，目前对于已认证未抵扣的情况申请开具红字发票，系统校验不通过，无法开具。

3. 开具红字发票是否应将抵扣联等全部联次退回？

答：不一定。对受票方已取得发票并申报抵扣，或者取得发票未申报抵扣，但发票联、抵扣联无法退回的，不需要将抵扣联等全部联次退回。

4. 红字发票可以对一张发票涉及的部分金额开具吗?

答：可以。开具红字增值税专用发票信息表中可以按照退货的数量和金额开具，红字发票根据开具红字增值税专用发票信息表的数量金额开具即可。但红字机动车销售统一发票需与原蓝字机动车销售统一发票一一对应。

5. 红字发票的开具有180天的限制吗?

答：实际操作中，超过180天的发票无法开具红字发票。从文件规定来说，新公告废除了《国家税务总局关于全面推行增值税发票系统升级版有关问题的公告》(国家税务总局公告2015年第19号)中关于“专用发票尚未交付购买方或者购买方拒收的，销售方应于专用发票认证期限内在增值税发票系统升级版中填开并上传信息表”的规定，也没有对专用发票认证期限与开具红字发票的关系做出规定，应可以随时开具红字发票，不限于180天的规定。但从目前系统设置来看，超过180天的发票无法开具红字发票。

6. 开具红字增值税专用发票信息表数字填写错误，能就其中部分内容开具红字专用发票吗?

答：不能，红字专用发票应与开具红字增值税专用发票信息表一一对应。如果开具红字增值税专用发票信息表未上传，可以直接在开票系统中作废，然后重新填开；如果已经上传，则应该携带加盖公章的开具红字增值税专用发票信息表、情况说明到办税服务大厅将原有表格后撤销，再重新填开。

7. 三证合一后原号码下开具的发票还能不能红字退回?

答：可以。三证合一后，需要重新安装开票软件，在安装后只需导入老税号时期的开票信息，就可以按照正常程序开具新税号的红字发票，该红字发票会上传比对，由于金税工程系统将新老税号信息已关联，一般均可比对通过，不影响红字开具。普通发票也能开具负数发票，原因同上。

8. 红字专用发票需要认证吗？

答：不需要。

9. 勾选“因开票有误等原因尚未交付的”后，信息表无法上传？

答：“因开票有误等原因尚未交付的”仅适用于销货方上月或本月开具的蓝字发票，如果超过这一时间段又需要开具发票的，应勾选“因开票有误买方拒收的”才能上传。

5.3.6 发票开具其他事项热点问答

1. 企业经营地址和注册地址不一致如何开具增值税专用发票？

答：应按照税务登记证（统一社会信用代码证）上的地址开具。

2. 开具专用发票时，购买方应提供什么资料？

答：对要求开具增值税专用发票的，购买方应提供以下信息：纳税人名称、地址电话、开户行及账号。在提供上述资料过程中，购买方不需要提供营业执照、税务登记证、组织机构代码证、开户许可证、增值税一般纳税人登记表等相关证件。如果购买方为个人，但提供的购买方信息为单位并要求开具专用发票，销售方可在“备注栏”中对付款的个人进行说明。

3. 销售折让如何开具发票？

答：根据36号文规定，纳税人发生应税行为，将价款和折扣额在同一张发票上分别注明的，以折扣后的价款为销售额；未在同一张发票上分别注明的，以价款为销售额，不得扣减折扣额。

4. 购买方一般纳税人资格如何辨识？

答：目前已有14个省开通了一般纳税人查询页面，需要查询的企业属于14个省范围内的，打开 http://yibannashuiren.com 进行查询即可。

该种方式不适用或者未查出相应结果的，还可以通过要求对方出具相关文书确定，如对未进行“三证合一”登记的纳税人，通过对方税务登记证副本“资格认定”栏内的“增值税一般纳税人”戳记辨识；对已进行“三证合一”

登记的纳税人，可通过对方主管税务机关核对后退还留存的增值税一般纳税人资格登记表辨识。

5. 开具发票常见错误有哪些?

答：从发票票面内容来看，常见的错误有：项目不齐全（具体见本书关于专用发票和普通发票填写要求规定）、未按规定加盖发票专用章、内容不真实或存在部分内容手写、密文区域有乱码或连续相同的字符出现、信息存在出格情况或票面不整洁并影响认证等情况。根据《中华人民共和国发票管理办法》第二十一条“不符合规定的发票，不得作为财务报销凭证，任何单位和个人有权拒收”和第二十二条“开具发票应当按照规定的时限、顺序、栏目，全部联次一次性如实开具，并加盖发票专用章”规定，并从抵扣认证角度考虑，购买方应拒收存在上述情况的发票并要求对方重新开具。

6. 电子发票直接打印是否可以作为入账凭证?

答：可以。根据《国家税务总局关于推行通过增值税电子发票系统开具的增值税电子普通发票有关问题的公告》(国家税务总局公告 2015 年第 84 号）规定，增值税电子普通发票的开票方和受票方需要纸质发票的，可以自行打印增值税电子普通发票的版式文件，其法律效力、基本用途、基本使用规定等与税务机关监制的增值税普通发票相同。因此，收到电子发票的企业只需登录对方的电子发票服务查询下载即可。

7. 房地产企业销售不动产在营改增前已开具营业税发票的，营改增后，企业发生退款、开票有误等其他情形后需重新开具发票的，应如何开票?

答：发生退款的，根据 36 号文规定，纳入营改增试点前已经缴纳营业税的，营改增试点后因发生退款减除营业额的，应当向原主管税务机关申请退还已缴纳的营业税。因此，房地产企业销售不动产，营改增后发生退款行为的，原已缴纳的营业税款应向原主管地税机关申请退还。同时，需重新开具发票的，可按规定开具增值税发票并申报缴纳税款。

开票信息有误并涉及变更购房人信息的，目前全国没有统一口径。北京市国税局对该问题的解释口径为“纳税人应先将需要退票的发票全联次收齐，对于需要重新开票的，税务机关对新开票税额和原开票税额进行清算，多退少补。已缴纳营业税的部分可开具零税率增值税普通发票”；江西国税局对该问题的解释口径为应按退房（销售退回）处理，向原主管地税机关申请退还已缴纳的营业税并重新开具增值税发票。具体操作时建议咨询当地税务机关后再行开具。

8. 销售房地产时若 2 人同时购买一套房产，如何开具发票？

答：当购买房产为 2 人以上，需要在发票上注明多人信息的，可在购买方栏目中“名称”栏次中填写 2 个人名称；纳税人识别号中填写其中一人的有效证件号；“备注”栏上除了填写房产地址等信息外再填写另一人的有效证件号。

9. 销售取得的房产，销售价格低于取得价格如何开具发票？差额征税扣除金额能大于销售金额吗？

答：目前没有政策规定差额征税情况下销售价格不能低于取得价格，因此该类事项可就销售价格如实开票，取得价格应取得符合法律、行政法规和国家税务总局规定的合法有效凭证，具体包括：税务部门监制的发票、法院判决书、裁定书、调解书、仲裁裁决书、公证债权文书等。

5.4 存根联数据采集

5.4.1 常规存根联数据采集

存根联数据采集就是我们俗称的抄报税，是指税务机关接收纳税人使用升级版开具的发票明细数据信息，并对数据进行比对校验的过程。具体流程如下：

1. 常规报税操作

常规报税也就是指纳税人在正常开具发票情况下应该进行的操作，**目前**

的增值税发票升级版管理系统已经实现网络报税，除特殊情况下，使用升级版的企业不再需要到税务机关进行报税，原有的网上报税（远程抄报）停止使用。

（1）在互联网状态下开具发票的，系统自动适时上传采集已开具发票明细数据，次月纳税申报期内通过升级版网络将上月开具发票汇总情况报税。

（2）在离线状态下开具发票，当月发票上传截止日期前网络联通后系统自动适时上传采集已开具发票明细数据，次月纳税申报期内通过升级版网络将上月开具发票汇总情况报税。

（3）抄报税成功后完成纳税申报，再次登录时自动清卡。

5.4.2 非常规存根联数据采集

1. 离线时间超过离线时限且跨月

在离线状态下使用升级版开具发票，次月仍未连通网络上传已开具发票明细数据的，需进入开票软件做“办税厅抄报”，然后持专用设备到税务机关进行征期报税或非征期报税操作。

2. 当月发票开具达到税控设备最大存储容量

当发票开具达到税控设备最大容量，导致税控设备当月不能正常开票的，进入开票软件做“办税厅抄报”，然后持专用设备到税务机关进行征期报税或非征期报税操作。

3. 更换金税盘、税控盘导致不能报税

在更换金税盘、税控盘情况下，可能造成企业实际开具增值税专用发票金额存根联份数大于金税盘、税控盘的，企业可进行如下操作：持当月全部专用发票存根联至税务机关，税务机关会在“认证子系统扫描补录报税子系统”中“非常规报税/存根联补录”补报采集；如果扫描补录有困难的，通过企业端开票子系统传出报税软盘，持报税软盘至税务机关，由税务机关经

报税子系统的“非常规报税 / 软盘补录”补报。

4. 因硬盘、金税盘、税控盘损害导致不能报税

企业可持当月全部专用发票存根联到主管税务机关，由税务机关经“认证子系统扫描补录—报税子系统”中“非常规报税 / 存根联补录”补报采集。

5. 注销抄报税

对企业因网络原因有开具发票但未上传发票明细数据的，导致在注销当月有增值税发票开票的销项数据，应到税务机关通过“非常规报税 / 注销报税”来完成操作。

5.5 进项税额的管理

5.5.1 能够抵扣进项的票据类型

根据 36 号文规定，目前增值税扣税凭证包括：增值税专用发票、海关进口增值税专用缴款书、农产品收购发票、农产品销售发票和完税凭证（具体可参见本书第 2 章）。

纳税人凭完税凭证抵扣进项税额的，应当具备书面合同、付款证明和境外单位的对账单或者发票。资料不全的，其进项税额不得从销项税额中抵扣。

5.5.2 各类票据抵扣方式

各类票据抵扣方式如表 5-5 所示。

5.5.3 增值税专用发票进项数据采集方式

目前，增值税专用发票抵扣联数据采集方式主要有以下几种：

表 5-5 抵扣凭证抵扣要求及注意事项

抵扣凭证类型	抵扣方式	抵扣期限	注意事项
增值税专用发票	1. 认证抵扣 2. 勾选抵扣	2017年7月1日前开具的，自开具之日180天内认证（或勾选）；7月1日及以后开具的，自开具之日360天内认证（或勾选）	1. 认证方式：当月认证，下月抵扣 2. 当月申报期结束到下月申报期结束前，勾选当月抵扣的进项税额发票 3. 支付款项的单位，必须与开具抵扣凭证的销货单位一致方能抵扣
海关进口增值税专用缴款书	向主管税务机关报送“海关完凭证抵扣清单”（网上申报软件采集和报送电子数据即可）	2017年7月1日前开具的，自开具之日180天内报送；7月1日及以后开具的，自开具之日360天内报送	比对结果相符的海关缴款书，在提供稽核比对结果的当月纳税申报期内申报抵扣，逾期不得抵扣（可通过网上申报软件查询和下载）
农产品收购发票或销售发票	无须认证，按照发票上注明的农产品买价 × 扣除率 13%	无日期规定	
代扣代缴完税凭证	根据解缴税款的完税凭证上注明的增值税额直接填写申报表抵扣	无日期规定	应当同时具备书面合同、付款证明和境外单位的对账单或者发票。资料不全的不得抵扣
电子发票	目前电子发票只涉及增值税普通发票，不得抵扣		

5.5.3.1 传统认证方式

传统认证方式包括网上发票认证采集、通过自助办税终端扫描认证、大厅前台认证三种方式。纳税人已申请安装网上认证系统的，可自行扫描、识别专用发票抵扣联票面信息完成认证，每月可通过认证软件打印认证清单，并在次月申报时抵扣。对网上自行认证无法通过或者没有网上认证设备的，纳税人可持有增值税专用发票抵扣联，在自助办税终端扫描认证、大厅前台认证。

建议企业持有抵扣联在办税服务大厅或者自助终端认证时，可同时携带发票联，当抵扣联因为客观原因无法通过认证时，可使用发票联尝试认证。

5.5.3.2 勾选认证

1. 勾选认证适用范围

2016年3月1日起，纳税信用A级纳税人；2016年4月1日起，纳税信用B级纳税人，2016年12月1日起纳税信用C级纳税人，以及2016年5月1日新纳入营改增试点尚未进行纳税信用评级的增值税一般纳税人，取得销售方使用增值税发票系统升级版开具的增值税发票（包括增值税专用发票、货物运输业增值税专用发票、机动车销售统一发票，下同），2017年4月30日前可以不进行扫描认证，通过增值税发票税控开票软件登录本省增值税发票查询平台，查询、选择用于申报抵扣或者出口退税的增值税发票信息。增值税发票查询平台的登录地址由各省国税局确定并公布。

2. 勾选认证具体流程

第一步：通过增值税发票税控开票软件登录本省增值税发票查询平台。登录时注意始终连接金税盘或税控盘，输入金税盘或税控盘的密码后单击“登录”按钮。

第二步：选择“发票勾选”，可逐票勾选或同时勾选多份需要在次月申报抵扣（或退税）的发票。

第三步：在次月申报期结束前2天手工确认勾选发票，建议确认时间在当月月底之前。

第四步：对取得增值税发票，通过增值税发票查询平台未查询到对应发票信息的，仍可进行扫描认证。

5.5.4 增值税进项抵扣的热点问题

1. 关于异常抵扣凭证的说明

答：2016年12月1日，国家税务总局发布了《国家税务总局关于走逃（失联）企业开具增值税专用发票认定处理有关问题的公告》（国家税务总局公告2016年第76号），明确了走逃（失联）企业及开具专用发票的处理。其中，应引起企业充分重视的是，文件中明确规定走逃（失联）企业存续经营期间发生下列情形之一的，所对应属期开具的增值税专用发票列入异常增值税扣税凭证：

（1）开具的商贸企业购进、销售货物名称严重背离的；生产企业无实际生产加工能力且无委托加工，或生产能耗与销售情况严重不符，或购进货物并不能直接生产其销售的货物且无委托加工的。

（2）直接走逃失踪不纳税申报，或虽然申报但通过填列增值税纳税申报表相关栏次，规避税务机关审核比对，进行虚假申报的。增值税一般纳税人取得异常凭证的，尚未申报抵扣暂不允许抵扣或办理退税；已经申报抵扣的一律先做进项税额转出，经核实符合现行增值税进项税额抵扣相关规定的，方可继续申报抵扣。因此，企业在取得增值税专用发票时，应对发票票面信息进行仔细核对，坚决拒绝第三方代为开具发票的行为。

2. 如何确认是否可以使用网上勾选方式认证？

答：在电脑上连接好金税盘或税控盘，登录增值税发票查询平台，在当地税务机关出具的指引和要求的环境中，录入金税盘或税控盘的证书密码进行登录，如果登录成功，则说明您可以使用勾选抵扣法。

3. 为什么已经勾选认证，在申报时没有相应进项税额？

答：由于系统取消了自动确认，企业需手工确认，对勾选了但未出现在申报表情况下，企业可查询是否没有进行“确认勾选”的操作。

4. 勾选认证时，一旦进行“确认勾选”，还能更改吗？

答：当仅勾选发票，未“确认勾选”的情况下，可以多次勾选（补充或撤销），但进行“确认勾选”操作后，则无法更改。同时，自2016年5月24日起系统取消自动确认方式，需要企业自行手工确认，否则无法抵扣。“确认勾选”每个月只能执行一次，一旦确认成功，则视为当月的最终勾选结果，不再允许撤销或补充勾选发票。建议企业在“确认勾选”前打印勾选清单，核对后及时补充、撤销后确认。

5. 为了能够次月申报抵扣，确认勾选应在什么时候进行？

答：根据国家税务总局公告2016年第32号规定，纳税人确认当月用于抵扣税款或者出口退税的增值税发票信息的最后时限，由当月最后1日延长至次月纳税申报期结束前 2 日。也就是说，企业 A 取得一张发票，希望在 6 月 15 日前申报 5 月增值税时能够抵扣，则应在 5 月 15 日至 6 月实际申报前 2 天，最晚 6 月 13 日的期间进行勾选确认。

6. 逾期未认证（含传统认证和勾选认证）的增值税扣税凭证是否可以抵扣?

答:《国家税务总局规定关于调整增值税凭证抵扣期限有关问题的通知》（国税函〔2009〕617 号）规定："增值税一般纳税人取得 2010 年 1 月 1 日以后开具的增值税专用发票（包括税控系统开具的机动车销售统一发票）以及海关缴款书，未在规定期限内到税务机关办理认证、申请稽核比对或者申报抵扣的，不得作为合法的增值税扣税凭证，不得计算进项税额抵扣"；根据《国家税务总局关于逾期增值税扣税凭证抵扣问题的公告》（国家税务总局公告 2011 年第 50 号）：对增值税一般纳税人发生真实交易但由于客观原因造成增值税扣税凭证逾期（含增值税专用发票、海关进口增值税专用缴款书和公路内河货物运输业统一发票）的，经主管税务机关审核、逐级上报，由国家税务总局认证、稽核比对后，对比对相符的增值税扣税凭证，允许纳税人继续抵扣其进项税额。**增值税一般纳税人由于除本公告第二条规定以外的其他原因造成增值税扣税凭证逾期的，仍应按照增值税扣税凭证抵扣期限有关规定执行**。上述客观原因是指：

（1）因自然灾害、社会突发事件等不可抗力因素造成增值税扣税凭证逾期。

（2）增值税扣税凭证被盗、抢，或者因邮寄丢失、误递导致逾期。

（3）有关司法、行政机关在办理业务或者检查中，扣押增值税扣税凭证，纳税人不能正常履行申报义务，或者税务机关信息系统、网络故障，未能及时处理纳税人网上认证数据等导致增值税扣税凭证逾期。

（4）买卖双方因经济纠纷，未能及时传递增值税扣税凭证，或者纳税人变更纳税地点，注销旧户和重新办理税务登记的时间过长，导致增值税扣税凭证逾期。

（5）由于企业办税人员伤亡、突发危重疾病或者擅自离职，未能办理交接手续，导致增值税扣税凭证逾期。

（6）国家税务总局规定的其他情形。

也就是说，符合上述情形的可经审批后继续抵扣，否则不能抵扣。对符合上述情形的，应携带下述资料办理：① 逾期增值税扣税凭证抵扣申请表（2份）；②增值税扣税凭证逾期情况说明（客观原因涉及第三方的，应同时提供第三方证明或说明；③ 逾期增值税扣税凭证电子信息；④ 逾期增值税扣税凭证复印机（复印件必须整洁、清晰，在凭证备注栏注明“与原件一致”并加盖企业公章）。

7. 对已经认证或比对的增值税扣税凭证，在次月未抵扣的是否能继续抵扣？

答：根据《国家税务总局关于未按期申报抵扣增值税扣税凭证有关问题的公告》（国家税务总局公告 2011 年第 78 号）规定，除下列客观原因导致无法正常抵扣的，可由主管税务机关审核后继续抵扣外，其余情况不能抵扣。客观原因是指：

（1）因自然灾害、社会突发事件等不可抗力原因造成增值税扣税凭证未按期申报抵扣。

（2）有关司法、行政机关在办理业务或者检查中，扣押、封存纳税人账簿资料，导致纳税人未能按期办理申报手续。

（3）税务机关信息系统、网络故障，导致纳税人未能及时取得认证结果通知书或稽核结果通知书，未能及时办理申报抵扣。

（4）由于企业办税人员伤亡、突发危重疾病或者擅自离职，未能办理交接手续，导致未能按期申报抵扣。

（5）国家税务总局规定的其他情形。

对符合上述情况需要办理相关手续的，应携带以下资料办理：①未按期申报抵扣增值税扣税凭证申请表；②已认证增值税扣税凭证清单；③增值税扣税凭证未按期申报抵扣情况说明及证明；④未按期申报抵扣增值税扣税凭证复印件。

8. 对认证不符的应如何处理?

答：认证不符的税务处理如表 5-6 所示 。

表 5-6　抵扣凭证认证不符税务处理方式

处理方式	具体情形	明细解释	税务处理
不得作为增值税进项税额抵扣凭证	存在无法认证	专用发票所列密文或者明文不能辨认，无法产生认证结果	购买方将发票原件退还销售方并重新开具发票
	纳税人识别号认证不符	专用发票所列购买方纳税人识别号有误	
	专用发票代码、号码认证不符	专用发票所列密文解译后与明文的代码或号码不一致	
暂不作为增值税进项税额抵扣凭证	重复认证	已经认证相符的同一张专用发票再次认证	税务机关扣留原件，查明原因后分情况处理
	密文有误	专用发票所列密文无法解译	
	认证不符	纳税人识别号有误或者密文解密后与明文不一致	
	列为失控专用发票	认证时的专用发票已被登记为失控专用发票	

9. 海关完税凭证稽核比对不符应如何处理?

答：海关完税凭证稽核比对不符的税务处理如表 5-7 所示。

表 5-7　海关完税凭证稽核比对不符税务处理方式

比对结果	处理方式	最终结果
稽核比对为不符、缺联的	企业在产生稽核结果的 180 日内，持海关缴款书原件向主管税务机关申请数据修改或核对，逾期的进项税额不予抵扣	数据采集上传错误的，数据修改后再次稽核比对
		不属于数据采集错误的，企业可向税务机关申请数据核对，若票面信息与实际业务一致的，在收到税务机关书面通知的次月申报抵扣，逾期不得抵扣
稽核比对结果为重号	主管税务机关核查	票面信息与实际业务一致的，在收到税务机关书面通知的次月申报抵扣，逾期不得抵扣

10. 专用发票丢失购买方如何处理?

答：（1）一般纳税人将已开具的增值税专用发票的发票联和抵扣联同时

丢失，应如下处理：

1）丢失前已认证相符的，购买方可凭销售方提供的相应增值税专用发票的记账联复印件及销售方主管税务机关出具的丢失增值税专用发票已报税证明单，作为增值税进项税额的抵扣凭证。

2）如果丢失前未认证的，购买方凭销售方提供的相应增值税专用发票记账联复印件进行认证，认证相符的可凭增值税专用发票记账联复印件及销售方主管税务机关出具的丢失增值税专用发票已报税证明单，作为增值税进项税额的抵扣凭证。增值税专用发票记账联复印件和丢失增值税专用发票已报税证明单留存备查。

（2）一般纳税人将已开具的增值税专用发票的抵扣联丢失，应如下处理：

1）丢失前已认证相符的，可使用增值税专用发票发票联复印件留存备查。

2）丢失前未认证的，可使用增值税专用发票发票联认证，增值税专用发票发票联复印件留存备查。

（3）一般纳税人将已开具的增值税专用发票的发票联丢失，可将增值税专用发票抵扣联作为记账凭证，增值税专用发票抵扣联复印件留存备查。

11. 滞留发票的风险？

答：所谓的“滞留发票”，是指购买方存在取得了增值税专用发票，在销货方开具之日起360日内没有认证及抵扣的情形。存在这种情形的，税务机关会纳入风险管理范畴内，并根据不同的核查结果进行处理。

第一，存在账外经营，部分纳税人隐瞒收入，采取购进货物和销售货物均不入账的手段偷逃税款，对取得的专用发票不进行认证抵扣，形成滞留发票。税务机关开展税务稽查，企业承担相应的法律后果。

第二，丢失，部分财会人员将进项发票不慎丢失，为避免承担责任，未向企业财务等有关部门报告，形成滞留发票。企业应登报作废，接受税务机关相关处理，同时承担相应后果。

第三，不可抗力，出现地震、洪涝灾害或者持有未认证的增值税专用发票的财会人员忽然死亡等客观情况，形成滞留发票。纳税人应在不可抗力消除后，立即上报主管税务机关，待审核完毕后，允许纳税人继续抵扣。

第四，买卖纠纷，销售方发票虽已开具但因合同纠纷（如购货方未支付货款等）不予交付，造成购货方超期未认证形成滞留发票。购货方在拿到增值税专用发票的同时，立即上报主管税务机关，待审核完毕后，允许纳税人继续抵扣。

第五，不符合要求，购货方虽改为一般纳税人，但在小规模纳税人期间取得的增值税专用发票不能抵扣；购进免税货物取得的增值税专用发票不得认证。购货方对在小规模纳税人期间取得的专票，要求销货方重新开具普通发票。

第六，不能抵扣，购进货物用于非应税项目的专用发票不得认证；购货方取得增值税专用发票后，在专用发票认证前将货物用于非应税项目，如发放职工福利等行为，自行将该发票不予抵扣认证，导致出现滞留发票的，购货方先认证后做进项转出。

12. 不得抵扣的进项发票如何处理？

答：企业取得专用发票但不符合抵扣条件的，可以有 3 种处理方式：一是直接不认证不抵扣；二是认证不抵扣；三是认证抵扣后转出。目前这 3 种规定处理都符合规定，但从税务风险考虑，第一种处理方式可能导致税务机关对"滞留发票"的核查，结合部分省份对外解答口径，建议选择第二种处理方式，即进行认证或勾选确认，但不申报抵扣，可以直接价税合计核算成本。

13. ETC 卡充值时取得的进项发票能不能抵扣？

答：不能，根据 2016 年 7 月 8 日国家税务总局货物和劳务税司答复，ETC 卡充值时并未实际接受道路通行服务，其充值取得的发票，不能按照过路过桥费进项抵扣。

14. 从国外取得的发票或者凭证能否入账？

答：可以，但是如税务机关在纳税审查时有疑义的，企业需要提供境外公证机构或者注册会计师的确认证明，经税务机关审核认可后，方可作为计账核算的凭证。

15. 发票作为财务报销凭证有哪些具体要求?

答：购买商品、接受服务以及从事其他经营活动支付款项时，必须取得由税务机关监制的合法有效税务发票。下列票据，不得作为财务报销凭证：

（1）伪造、作废的发票。

（2）以其他单据或白条代替发票开具的。

（3）填写项目不齐全，内容不真实，字迹不清楚或涂改的发票。

（4）没有加盖发票专用章的发票。

（5）未按规定的使用区域开具的发票。

（6）其他不符合规定的发票。

16. 2016 年 7 月份以后收到的货物运输专用发票能不能抵扣?

答：货物运输专用发票 2016 年 7 月 1 日以后停止使用，因此取得 7 月 1 日以后开具的货物运输专用发票不能抵扣，但是取得 7 月 1 日以前开具的货物运输专用发票，在开具日期 180 天内均可以抵扣。

17. 税控设备附带打印机可不可以全额抵减?

答：增值税纳税人购买增值税税控系统专用设备支付的费用以及缴纳的技术维护费（以下简称“二项费用”）可在增值税应纳税额中全额抵减，因此上述二项费用的专用发票不认证，直接全额抵减；打印机不在全额抵减范围内，可以认证后抵扣进项税额。

5.6 发票的其他管理要求

5.6.1 增值税发票的保管要求

增值税发票的具体保管要求如下：

（1）设专人保管专用发票和专用设备；将专用发票在专门的保险柜中存

放，并配备必要的防潮、防火、防霉设施。

（2）将认证相符的专用发票抵扣联、认证结果通知书和认证结果清单装订成册。

（3）建立发票使用登记制度，设置发票登记簿登记发票领用存情况。

（4）未经批准，不得跨规定的使用区域携带、邮寄、运输空白发票。

（5）开具发票的单位和个人应当按照税务机关的规定存放和保管发票，不得擅自损毁。已开具的发票存根联和发票登记簿，应当保存 5 年。保存期满，报经税务机关查验后销毁。

5.6.2 增值税发票被盗、丢失处理

（1）增值税专用发票丢失、被盗的，企业应当在事发当日书面报告国税机关，并登报声明作废，不仅限于《中国税务报》。办理资料：①发票丢失 / 损毁报告表；②公安部门受理报案的有关材料；③刊登遗失声明的版面原件和复印件。

（2）增值税普通发票丢失、被盗、损毁导致无法辨认代码或号码的，纳税人应向税务机关报告，税务机关备案。办理材料：①发票丢失 / 损毁报告表；②刊登遗失声明的版面原件和复印件。

5.6.3 发票真伪查验

1. 规格识别法

各类发票都有明确的规格，如：

增值税专用发票规格：240mm × 140mm

货运增值税专用发票规格：240mm × 178mm

增值税普通发票规格：240mm × 140mm

消费者可通过查询各省税务机关网站通知公告，获取该省普通发票规格。当你手里有一张发票需要鉴别，首先要确定这张发票的类别，是通用机

打发票还是通用手工票或增值税普通发票，再检测其规格尺寸，如果不符，则有假发票嫌疑，需进一步鉴别。

2. 发票代码识别法

每一种普通发票，在发票名称、发票监制章下面有一排阿拉伯数字，共 12 位，这就是发票代码，不同位数代表不同意义。

第 1 位为国地税标志，“1”代表国税。

第 2 ～ 5 位为省市地区标志，如“4300”代表湖南省。

第 6 ～ 7 位为印制年份标志，如“14”代表 2014 年。

第 8 位为发票类别标志，“1”代表通用发票，“2”为机动车发票、二手车发票，“3”为冠名发票，“4”为无实物对应的电子发票。

第 9 ～ 10 位为发票目录顺序编号。

第 11 位为发票联次标志，如“2”代表为两联发票。

第 12 位为金额版本标志，如“1”代表万元版，“0”代表普通机打（电脑版）发票，“8”为税控机打发票。

上述各位数字比对相符，可基本确定为真票，比对不符，有假票嫌疑。

3. 发票专用章识别法

如果发票已填开，并加盖了发票专用章，可通过发票专用章进行识别。

发票专用章的形状为椭圆形，长轴 40mm、短轴 30mm、边宽 1mm，印色为红色（见图 5-11）。

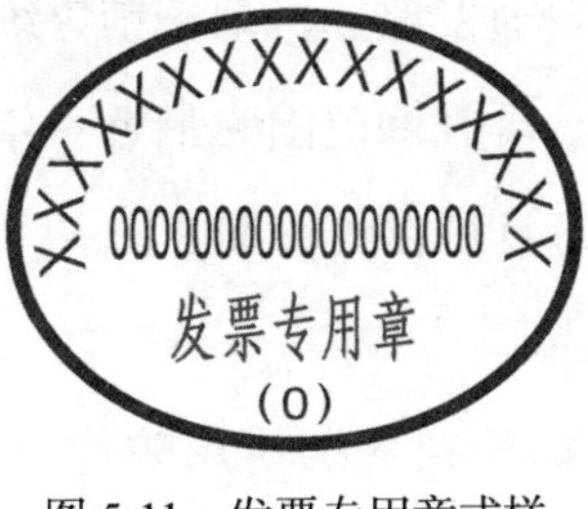

图 5-11　发票专用章式样

发票专用章中央刻纳税人识别号，外刻纳税人名称，自左而右环行，下刻“发票专用章”字样。

发票专用章字体呈简化字，为仿宋体，字高 4.6mm，字宽 3mm。

纳税人名称字高 4.2mm，字宽根据名称字数确定。纳税人识别号数字为 Arial 体，数字字高为 3.7mm，字宽 1.3mm。

上述规格比对相符，可基本排除假票。

4. 经验判断法

消费时，消费者能目睹开票人使用税控收款机或电脑直接开具打印的发票，该发票通常是真实可信的。

消费时，收银员收款后，不进行开票操作，而直接将早已开具好的机打发票交给消费者，此类发票通常为不符合规定的发票，消费者应仔细辨别，如开票日期、金额、消费内容、收款单位等任何一项票面要素与实际不符，消费者都有权拒收，也不得作为财务报销凭证。

对于定额发票和手写发票，消费者应检查票面是否加盖发票专用章，且发票专用章上的纳税人名称是否与收款单位一致。

受票人员可根据发票记录的业务和消费内容的真实性进行判断，凡与真实业务和消费内容不一致的发票，均不得作为财务报销凭证。

5. 网站查询

2017 年 1 月 1 日起，全国范围内取得增值税发票的单位和个人可登录全国增值税发票查验平台（https://inv-veri.chinatax.gov.cn），对新系统开具的增值税专用发票、增值税普通发票、机动车销售统一发票和增值税电子普通发票的发票信息进行查验。可查询范围为最近一年内开具的发票。发票开具次日即可查询，每张发票每日可在线查询 5 次。

6. 防伪标识判断

专用发票联次左上方的发票代码使用防伪油墨印制，在外力摩擦下可以产生红色擦红；普通发票（平推式）使用日常生活中的简易加热器靠近发票记账联、发票联纸张，纸张背面加热部位由白色变为粉红色，颜色不可逆，或使用硬物在发票纸张的背面划线，纸张显现淡蓝色的线条。普通发票（卷票）税徽使用光变油墨印制，直视颜色为金属金色，斜视颜色为金属绿色，显示效果明显、清晰。企业可根据税务机关发布的各类发票防伪标识（可从国家税务总局、各省税务机关网站查询），凡不相符的，可判断为假票。

7. 常识推断

从2011年1月1日起，新版普通发票中除窗口代开发票、卷筒式不定长冠名发票和手工版发票外，其他普通发票均应通过税控装置开具打印。不符合规定的发票不得作为入账凭证。

5.6.4 发票违法违章处罚

5.6.4.1 一般性处罚规定

（1）有下列情形之一的，由税务机关责令改正，可以处1万元以下的罚款；有违法所得的予以没收：

1）应当开具而未开具发票，或者未按照规定的时限、顺序、栏目，全部联次一次性开具发票，或者未加盖发票专用章的。

2）使用税控装置开具发票，未按期向主管税务机关报送开具发票信息的。

3）使用非税控电子器具开具发票，未将非税控电子器具使用的软件程序说明资料报主管税务机关备案，或者未按照规定保存、报送开具发票的数据的。

4）拆本使用发票的。

5）扩大发票使用范围的。

6）以其他凭证代替发票使用的。

7）跨规定区域开具发票的。

8）未按照规定缴销发票的。

9）未按照规定存放和保管发票的。

（2）跨规定的使用区域携带、邮寄、运输空白发票，以及携带、邮寄或者运输空白发票出入境的，由税务机关责令改正，可以处1万元以下的罚款；情节严重的，处1万元以上3万元以下的罚款；有违法所得的予以没收。丢失发票或者擅自损毁发票的，依照前款规定处罚。

（3）私自印制、伪造、变造发票，非法制造发票防伪专用品，伪造发票监制章的，由税务机关没收违法所得，没收、销毁作案工具和非法物品，并处1万元以上5万元以下的罚款；情节严重的，并处5万元以上50万元以下的罚款；对印制发票的企业，可以并处吊销发票准印证；构成犯罪的，依法追究刑事责任。前款规定的处罚，《中华人民共和国税收征收管理法》有规定的，依照其规定执行。

（4）有下列情形之一的，由税务机关处1万元以上5万元以下的罚款；情节严重的，处5万元以上50万元以下的罚款；有违法所得的予以没收：

1）转借、转让、介绍他人转让发票、发票监制章和发票防伪专用品的。

2）知道或者应当知道是私自印制、伪造、变造、非法取得或者废止的发票而受让、开具、存放、携带、邮寄、运输的。

5.6.4.2 虚开发票的处理处罚

1. 虚开专用发票

根据《中华人民共和国发票管理办法》第二十二条第二款规定，任何单位和个人不得有下列虚开发票行为：一是为他人、为自己开具与实际经营业务情况不符的发票；二是让他人为自己开具与实际经营业务情况不符的发票；三是介绍他人开具与实际经营业务情况不符的发票。从上述规定来看，只要取得或者开具与实际经营情况不符的发票均属于虚开发票。

存在上述情况虚开发票的，由税务机关没收违法所得；虚开金额在 1 万元以下的，可以并处 5 万元以下的罚款；虚开金额超过 1 万元的，并处 5 万元以上 50 万元以下的罚款；构成犯罪的，依法追究刑事责任。

2. 取得虚开的专用发票

（1）受票方利用他人虚开的专用发票，向税务机关申报抵扣税款进行偷税的，应当依照《中华人民共和国税收征收管理法》及有关法规追缴税款，处以偷税数额 5 倍以下的罚款；进项税金大于销项税金的，还应当调减其留抵的进项税额。利用虚开的专用发票进行骗取出口退税的，应当依法追缴税款，处以骗税数额 5 倍以下的罚款。

（2）在货物交易中，购货方从销售方取得第三方开具的专用发票，或者从销货地以外的地区取得专用发票，向税务机关申报抵扣税款或者申请出口退税的，应当按偷税、骗取出口退税处理，依照《中华人民共和国税收征收管理法》及有关法规追缴税款，处以偷税、骗税数额 5 倍以下的罚款。

（3）以上述第一条、第二条所列的方式取得专用发票未申报抵扣税款，或者未申请出口退税的，应当依照《中华人民共和国发票管理办法》及有关法规，按所取得专用发票的份数，分别处以 1 万元以下的罚款；但知道或者应当知道取得的是虚开的专用发票，或者让他人为自己提供虚开的专用发票的，应当从重处罚。

（4）利用虚开的专用发票进行偷税、骗税，构成犯罪的，税务机关依法进行追缴税款等行政处理，并移送司法机关追究刑事责任。

（5）有下列情形之一的，无论购货方（受票方）与销售方是否进行了实际的交易，增值税专用发票所注明的数量、金额与实际交易是否相符，购货方向税务机关申请抵扣进项税款或者出口退税的，对其均应按偷税或者骗取出口退税处理。

①购货方取得的增值税专用发票所注明的销售方名称、印章与其进行实

际交易的销售方不符的，即上述第二条规定的“购货方从销售方取得第三方开具的专用发票”的情况。

②购货方取得的增值税专用发票为销售方所在省（自治区、直辖市和计划单列市）以外地区的，即上述第二条规定的“从销货地以外的地区取得专用发票”的情况。

③其他有证据表明购货方明知取得的增值税专用发票系销售方以非法手段获得的，即上述第一条“受票方利用他人虚开的专用发票，向税务机关申报抵扣税款进行偷税”的情况。

3. 善意取得虚开发票

购货方与销售方存在真实的交易，销售方使用的是其所在省（自治区、直辖市和计划单列市）的专用发票，专用发票注明的销售方名称、印章、货物数量、金额及税额等全部内容与实际相符，且没有证据表明购货方知道销售方提供的专用发票是以非法手段获得的，对购货方不以偷税或者骗取出口退税论处。但应按有关法规不予抵扣进项税款或者不予出口、退税；购货方已经抵扣的进项税款或者取得的出口退税，应依法追缴。

购货方能够重新从销售方取得防伪税控系统开出的合法、有效专用发票的，或者取得手工开出的合法、有效专用发票且取得了销售方所在地税务机关或者正在依法对销售方虚开专用发票行为进行查处证明的，购货方所在地税务机关应依法准予抵扣进项税款或者出口退税。

纳税人善意取得虚开的增值税专用发票被依法追缴已抵扣税款的，不属于税收征收管理法第三十二条“纳税人未按照规定期限缴纳税款”的情形，不适用该条“税务机关除责令限期缴纳外，从滞纳税款之日起，按日加收滞纳税款万分之五的滞纳金”的规定。

4. 移交司法处理

对虚开增值税专用发票情节特别严重的，将移交司法机关根据《中华人民共和国刑法》规定处理，具体包括：

第二百零五条［虚开增值税专用发票、用于骗取出口退税、抵扣税款发票罪；虚开发票罪］“虚开增值税专用发票或者虚开用于骗取出口退税、抵扣税款的其他发票的，处三年以下有期徒刑或者拘役，并处二万元以上二十万元以下罚金；虚开的税款数额较大或者有其他严重情节的，处三年以上十年以下有期徒刑，并处五万元以上五十万元以下罚金；虚开的税款数额巨大或者有其他特别严重情节的，处十年以上有期徒刑或者无期徒刑，并处五万元以上五十万元以下罚金或者没收财产。”

“单位犯本条规定之罪的，对单位判处罚金，并对其直接负责的主管人员和其他直接责任人员，处三年以下有期徒刑或者拘役；虚开的税款数额较大或者有其他严重情节的，处三年以上十年以下有期徒刑；虚开的税款数额巨大或者有其他特别严重情节的，处十年以上有期徒刑或者无期徒刑。”

“虚开增值税专用发票或者虚开用于骗取出口退税、抵扣税款的其他发票，是指有为他人虚开、为自己虚开、让他人为自己虚开、介绍他人虚开行为之一的。”

第二百零六条 ［伪造、出售伪造的增值税专用发票罪］“伪造或者出售伪造的增值税专用发票的，处三年以下有期徒刑、拘役或者管制，并处二万元以上二十万元以下罚金；数量较大或者有其他严重情节的，处三年以上十年以下有期徒刑，并处五万元以上五十万元以下罚金；数量巨大或者有其他特别严重情节的，处十年以上有期徒刑或者无期徒刑，并处五万元以上五十万元以下罚金或者没收财产。”

“单位犯本条规定之罪的，对单位判处罚金，并对其直接负责的主管人员和其他直接责任人员，处三年以下有期徒刑、拘役或者管制；数量较大或者有其他严重情节的，处三年以上十年以下有期徒刑；数量巨大或者有其他特别严重情节的，处十年以上有期徒刑或者无期徒刑。”

第二百零七条 ［非法出售增值税专用发票罪］“非法出售增值税专用发票的，处三年以下有期徒刑、拘役或者管制，并处二万元以上二十万元以下罚金；数量较大的，处三年以上十年以下有期徒刑，并处五万元以上五十万元以下罚金；数量巨大的，处十年以上有期徒刑或者无期徒刑，并处五万元以上五十万元以下罚金或者没收财产。”

第二百零八条 [非法购买增值税专用发票、购买伪造的增值税专用发票罪；虚开增值税专用发票罪、出售伪造的增值税专用发票罪、非法出售增值税专用发票罪]“非法购买增值税专用发票或者购买伪造的增值税专用发票的，处五年以下有期徒刑或者拘役，并处或者单处二万元以上二十万元以下罚金。”

“非法购买增值税专用发票或者购买伪造的增值税专用发票又虚开或者出售的，分别依照本法第二百零五条、第二百零六条、第二百零七条的规定定罪处罚。”

第二百零九条 [非法制造、出售非法制造的用于骗取出口退税、抵扣税款发票罪；非法制造、出售非法制造的发票罪；非法出售用于骗取出口退税、抵扣税款发票罪；非法出售发票罪]“伪造、擅自制造或者出售伪造、擅自制造的可以用于骗取出口退税、抵扣税款的其他发票的，处三年以下有期徒刑、拘役或者管制，并处二万元以上二十万元以下罚金；数量巨大的，处三年以上七年以下有期徒刑，并处五万元以上五十万元以下罚金；数量特别巨大的，处七年以上有期徒刑，并处五万元以上五十万元以下罚金或者没收财产。”

“伪造、擅自制造或者出售伪造、擅自制造的前款规定以外的其他发票的，处二年以下有期徒刑、拘役或者管制，并处或者单处一万元以上五万元以下罚金；情节严重的，处二年以上七年以下有期徒刑，并处五万元以上五十万元以下罚金。”

“非法出售可以用于骗取出口退税、抵扣税款的其他发票的，依照第一款的规定处罚。”

“非法出售第三款规定以外的其他发票的，依照第二款的规定处罚。”

第二百一十条 [盗窃罪、诈骗罪；持有伪造的发票罪]“盗窃增值税专用发票或者可以用于骗取出口退税、抵扣税款的其他发票的，依照本法第二百六十四条的规定定罪处罚。”

“使用欺骗手段骗取增值税专用发票或者可以用于骗取出口退税、抵扣税款的其他发票的，依照本法第二百六十六条的规定定罪处罚。”

后　记

2016年5月开始，我国开始全面实施营改增，与以往营改增试点相比，此次所涉行业的经营业务更加复杂、改革的时间更加紧迫、面临的情况更加多变。任何一项改革都难以一蹴而就，营改增也不例外。此次纳入营改增的建筑业、房地产业、金融业和生活服务业千差万别，为确保所有行业税负只减不增的目标，财税部门不断出台文件对政策执行口径予以明确，逐一破解了政策出台之初存在的各种矛盾。如今，营改增逐步迈入平稳期。至此，我们团队4人意识到，是时候收笔推出此书了。

此书撰写过程历时一年。决定撰写此书，源于一次午后的小聚，更源于一次税、企思维的激烈碰撞。我们4人中，有两人来自房地产行业，两人来自税务系统，4人均已在各自的岗位工作近7年。有人说，任何一个人专注干一件事情5年，就能成为该领域的专家。说专家，我们愧不敢当，只能说我们都在自己的工作领域中有所感悟，一直摩拳擦掌想写点东西，用以沉淀过往的工作经历。作为房地产企业财税人员，我们在与账册打交道的过程中，明确了房地产企业经营的流程与要义；作为税务工作者，我们在与纳税人沟通的过程中，理解了他们的困惑与需求。此时，恰逢营改增全面推开，如下典型问题纷至沓来：增值税是什么？如何抵扣进项税额？如何准确实施纳税申报？增值税对企业财务核算有什么影响？这些问题对于初期接触增值税的人而言并不容易，对于房地产行业纳税人而言更须深入研习，为此，我们决定凝聚合力编写一本关于房地产企业增值税的书籍。

在写作过程中，我们碰到了许多问题。首先是业务方面。最早开始写稿时，营改增政策还不够完善，大家对于疑难政策的理解存在差异。犹记得在第 2 章初稿完成时，发现了 20 多个疑点问题。针对这些问题，我们反复研究、讨论，并多次与相关业务部门人员沟通和讨论，在反复征询正解的过程中，大多问题得以解决。对于这本书，我们倾尽了很多心血，每一个出现在书中的问题点都经过了反复的论证和讨论。红字发票的最新文件下发后，为验证已认证未抵扣的发票能否开具红字发票，编者团队专门在多地的税收征管系统内进行验证；为明确正确的申报口径，编者之一多次与负责申报的窗口人员沟通，将填报过程中表内、表间的所有逻辑关系予以验证，确保表格填写示例的规范性与准确性；为使读者能够直观明了地理解增值税科目，长期负责企业会计核算的两位成员广泛地与房地产业内的同事进行讨论与沟通，并选取了实际经营中最典型的业务编写案例，以保证核算章节的实操性。

其次，是政策更新方面。这本书的着手时间是 2016 年 5 月，最终出版时间为 2017 年，这期间经历了许多政策的更新，其中，对企业影响最大的莫过于增值税核算政策的更新。财政部于 2016 年 12 月下发了《增值税会计处理规定》，这个时间恰恰是企业财务人员最忙的时候，编者团队一方面要进行企业的年终财务收尾工作，一方面要尽快更新本书已“过时”的核算体系，通过对年终财务的调整也对最新的核算体系进行了一次完整的验证和操作，这些经验和心得均被编入本书内容之中。

再次，我们要感谢团队中的每一位成员，在本书的写作过程中，大家都遇到了工作和生活的双重困难，两位初为人母的新手妈妈，其中一位还在写作过程中完成了“准”妈妈向“正式”妈妈角色的转变，为赶上写作进度，两位妈妈只能在孩子入睡后奋笔疾书，直至半夜；两位恰逢税务系统攻坚克难推进税制改革的一年，只能在“5+2”兼“白+黑”的工作状态下如海绵挤水般写作，过程之艰辛，难以想象。但我们坚持下来了，在成稿的一刻，这段付出显得那样充实而富有意义。

在本书写作过程中，我们获得了多方帮助。在此，特别感谢刘树根、李星、付星、樊坤等好友在本书编写过程中给予的政策与技术支持，本书的完成离不开你们关怀与帮助。

最后，特别感谢我们的家人，能够支持我们、包容我们，将这本书献给你们。

推荐阅读

让数字说话：审计，就这么简单

作者：孙含晖（金十七）王苏颖 阎歌 ISBN：978-7-111-53081-7 定价：45.00元

深入浅出，将枯燥的审计化繁复为轻简、化严肃为活泼、化枯燥为有趣，豆瓣评分9.0。

“偷懒”的技术：打造财务Excel达人

作者：罗惠民 钱勇 ISBN：978-7-111-48594-0 定价：69.00元

从数据管理理念、Excel技巧到实操应用，本书贴近实务、“用户友好”、不落俗套。

全面预算管理：让企业全员奔跑

作者：温兆文 ISBN：978-7-111-50855-7 定价：59.00元

作者从其500强企业工作实践出发，总结出一套“洋为中用”的预算理念和方法，配以模拟案例。

500强企业财务分析实务：一切为经营管理服务

作者：李燕翔 ISBN：978-7-111-49495-9 定价：49.90元

基于财务报表，跳出数据框架，深入了解业务运营，做好业务伙伴。

IPO财务透视：方法、重点和案例

作者：叶金福 ISBN：978-7-111-45115-0 定价：39.00元

主板、创业板发审委委员推荐；4个维度阐释IPO财务规则；典型案例解析首发成败原因。

门口的野蛮人：史上最强悍的资本收购

作者：（美）布赖恩•伯勒 约翰•希利亚尔 ISBN：978-7-111-31494-3 定价：52.00元

《纽约时报》畅销书，再现了华尔街历史上最著名的公司争夺战——对美国雷诺兹-纳贝斯克集团的争夺，揭露商业与金融世界的潜规则。

推荐阅读

生活中处处蕴藏着会计的玄机，会算账的人在商业中将胜人一筹

卖晾衣杆的小贩为何不会倒：懂点会计很有必要

作者：山田真哉 ISBN: 978-7-111-54611-5 定价：35.00元

**日本年度畅销书总冠军，销量高达163万册！
一本让普通人亲近的会计读物，帮助你运用会计的思维理解日常生活中关于钱的问题，
更好地经营你的财富**

卖晾衣杆的小贩为何不会倒：懂点会计很有必要（漫画版）

作者：山田真哉 绘画：前田麻纪子 ISBN: 978-7-111-54941-3 定价：35.00元

**用漫画讲述了一个可丽饼小贩赚钱的故事，
帮助你了解赚钱的逻辑和关键，
培养起对数字的敏感度**

爱上会计，从这套书开始

会计原来这么有趣：零基础从业篇

作者：刘海涛 ISBN: 978-7-111-54967-3 定价：35.00元

**零基础会计入门的不二法宝，作者以戏说会计的方式带你走进一个别样的会计世界。
学完本书可快速上岗**

会计原来这么有趣：中级实务篇

作者：刘海涛 ISBN: 978-7-111-54966-6 定价：35.00元

**晋升会计骨干的金钥匙，学习常见的及难度较大的业务处理，构建基本的财务管理思维。
可作为考取中级会计职称的辅助读物**